우리는 왜
회사의 입장에서
이야기할까?

우리는 왜 회사의 입장에서 이야기할까?

초판 발행 2021년 4월 22일

지은이 박대리 **그린이** 안다연
펴낸이 진영수 **책디자인** 책돼지
펴낸곳 영수책방 **출판등록** 2021년 2월 8일 제 2021-000018호
주소 10881 경기도 파주시 회동길 455-2, 4층 **전화** 070-8778-8424 **팩스** 02-6499-2123
전자우편 sisyphos26@gmail.com
ⓒ 박대리 2021
ISBN 979-11-974312-1-0 [04300]
      979-11-974312-0-3 (세트)

우리는 왜
회사의 입장에서
이야기할까?

박대리 지음 | 안다연 그림

영수
책방

차례

나 회사생활
잘하고 있는 거
맞지?

사장님은
내 생각, 할까?

"사장님 정말 너무 하시네요. 회사 어렵다며 연봉은 3년째

동결인데, 이번에 차 바꿨다며 시승식한다 하고. 작년에는

집 샀다며 집들이하더니….″

박 대리가 오 팀장에게 불평을 터뜨렸다.

"또 뭐가 불만인데?"

"좀 그렇죠. 사장님이 회사에서 매달 가져가는 돈도 엄청 많

다면서요. 회사 어렵다면서 본인 월급은 꼭 그렇게 많이 가

져가야 하냐고요."

"박 대리, 입장을 바꿔 생각해 봐. 네가 사장이라면 안 그러겠어?"

그렇다. 학생 때부터 역지사지의 가르침을 받아왔거늘 잊고 있었다. 나도 사장이라면 돈 많이 벌고 차도 좋은 걸로 뽑고 집도 사고 싶겠지. 회사 사정이 좋지 않다면 내가 가져가는 월급을 줄이기보다는 직원 월급을 줄이는 게 낫겠지. 연봉 동결? 월급을 줄이지 않는 게 어디야? 요즘은 취업난이다 뭐다 말들 많으니 직원이 나가도 대체 인력 구하기는 쉬울 거야. 새 직원을 뽑으면 교육은 시켜야겠지만 어쩔 수 없지. 가성비 좋은 신입 뽑아서 교육시키는 게 나을지도 몰라.

근데 나 사장은 될 수 있는 걸까? 난 이렇게 사장님 입장으로 이런저런 생각해 봤는데, 사장님은 내 생각, 할까?

내가 지금 사장도 아니고 앞으로도 사장이 될 가능성이 거의 없는데도 사장 입장을 생각해 본다는 게 어떤 의미인지 모르겠다 (팀장님이 한번 생각해 보라니까). 팀장님은 왜 입장 바꿔보란 소리를 한 걸까? 팀장님은 사장님 입장이 잘 이해되는 걸까? 아니, 입장 바꿔 생각할 문제가 아니라 화를 내야 하는 거 아닐까?

그동안 함께한 팀장, 과장, 부장, 심지어 경력이 비슷한 동료 중에도 사장의 마음을 아주 잘 이해하는 듯한 직장인이 많았다. 어쩌다가 회사에 대한 욕이라도 할라치면 "네가 아직 회사생활을 얼마 안 해봐서 그래. 회사는 원래 그런 데야"라며 훈계하거나 "절이 싫으면 중이 나가야지, 어쩌겠어?"라며 말문을 막아버렸다. 정말 회사는 그런 데일까? 회사라는 데가 직원의 마음보다 사장의 마음이 더 중요한 곳일까?

책도 마찬가지였다. 처음 회사를 다닐 때 사장이나 선배들은 공부를 많이 해야 한다며 기업, 비즈니스, 조직 생활 관련 책을 추천해 주었다. 리더십, 혁신, 전략, 무슨 법칙, 무슨무슨 행동 등 처음에는 멋들어진 말에 '와~' 하고 감탄을 했다가도 점차 내 삶과는 무관한 것처럼 느껴졌다.

이들 책의 밑바탕에는 회사에 대한 주인 의식, 경영자 마인드, 기업가 정신 따위가 깔려 있었다. 책의 내용이 나와 동떨어진다고 느껴진 건 이 때문일 거다. 내가 회사의 주인이 아닌데 어떻게 주인 의식을 가질 수 있을까? 경영자나 기업가가 아닌데 그런 마인드와 정신은 생길 수나 있는 걸까?

주변 동료를 만나면 늘 "올해도 연봉 동결됐다, 성과 목표가 터무니없다, 회사가 어쩌고저쩌고, 팀장이 어쩌고저쩌고…" 하는 소리가 들렸다. 다들 회사나 조직에 문제가 있음을 인식하고 조직 내의 부조리함을 몸소 체험하고 있던 거다.

그런데 왜 인식하고 있는 문제는 해결되지 않은 채 계속해서 반복되고 있을까? 과거 선배들이 추천했던 책에서 말하는 조직 이론을 가지고만 문제를 풀려고 해서 그런 건 아닐까? 아니면 "현실은 원래 그래!"라고 말하는 선배의 말에 갇혀 있는 건 아닐까?

경영학에서 말하는 논리로는 조직 문제를 해결할 수가 없다. 외려 문제의 본질을 제대로 인식하지 못할뿐더러 더욱 문제를 야기한다. 그런 논리에는 '사람 이야기'가 빠져 있기 때문이다. 기업 조직을 구성하는 건 개개의 사람들인데, 경영 담론에서는 직장인을 엑셀 안 수치로 표현할 수 있어야 객관적인 기업 경영이 가능하다고 착각하고 있다.

이미 기업의 논리에 적응하고 익숙해져 버린 선배의 말은 왠지 기업의 말과 닮았다. 그리고 회사 문제에 불평불만을 하던 신입도 연차가 쌓이며 어느새 사장님의 입장을 가장 잘 이해하는 직원이 되어가고 있다.

회사뽕 맞은
사람들

점심시간.

점심을 먹으러 직원들이 엘리베이터를 탔다. 모두 얼마 전 회사에서 나눠준 사원증을 매고 있다. 그런데 혼자서 사원 증을 빠뜨린 김 주임을 고 과장이 가리켰다.

"김 주임, 사원증 어디 갔어?"

"아, 자리에 놓고 왔나 봐요."

"애사심이 없네, 애사심이⋯."

중소기업만 전전하다가 중견기업에서 일할 기회가 있었다. 역시 중견기업은 뭐가 달라도 다른지 사원증이라는 것도 처음 받아봤다. 근데 전 직원에게 나눠준 사원증은 출입문을 여는 기능도, 출근 기록을 남기는 기능도 없었다. 오로지 내 얼굴과 내 이름과 내 직책만 담겼다.

아무런 기능도 없는 사원증을 전 직원이 항상 목에 걸고 다니라는 인사과의 공고가 올라왔다. "XX기업의 임직원임을 자랑스럽게 여길 수 있도록 상시 착용해 주시기를 바랍니다…"라고 적혀 있었다. 인사과는 저런 멘트를 대체 어디서 배우는 걸까 궁금하면서도 사원증을 목에 걸고 다니는 거랑 회사를 자랑스럽게 여기는 거랑 무슨 관련이 있는지 이해도 안 됐다. 게다가 아무런 기능도 없는 사원증을 말이다.

그런데 이해할 수 없는 언어를 쓰는 건 무릇 인사과뿐만이 아니었다. 고 과장처럼 애사심을 운운하는 경우가 흔했다. 엘리베이터에 있던 사람들은 김 주임이 얼마나 무안할까 걱정해 주기보다는 고 과장의 말에 빵 터져서 웃기 바빴다.

동종 업계의 한 친구를 만났을 때 들은 이야기가 있다. 그 친구는 회사에 신입이 들어왔을 때 이런 말을 했다고 한다.

"우리 회사 출근 시간은 원래 아홉 시인데 영업부는 여덟 시까지 출근해야 해. 그리고 회사 규정에는 없지만 이런저런 일도 다 해야 해. 이게 싫으면 나가."

이 말을 자랑스럽게 하는데, 너무 폭력적이라고 생각했다. 기껏 취업해서 출근한 신입은 저 말을 듣고 얼마나 암울했을까? 당장 회사를 그만두겠다는 강단이 있지 않고서는 "그건 좀 부조리한 거 아닌가요? 제가 왜 그래야 하죠? 전 주어진 시간에 주어진 일만 열심히 하고 싶어요"라고 이야기할 수 있을까?

회사를 다니면서 항상 의아했던 건 엘리베이터의 고 과장이나 영업부 친구와 같은 사람의 발언이었다. 어떻게 저런 이야기를 동료에게 당당하게 할 수 있지? 저런 발언은 고리타분한 경영자쯤 되어야 나오는 게 아닌가 싶었는데 대리, 과장 정도만 되도 부조리하고 폭력적인 언어를 남발하는 경우가 많았다. '혹시 고 대리는 대표님 친척인가? 저 친구는 혹시 사장님 아들인가?' 하는 의문이 들 정도였다.

'열심히 일하지 않으면 떠나라, 주인 의식을 갖고 일해라, 어제의 너보다 오늘 더 성장해라, 네가 회사의 얼굴이다, 끊임없는 경쟁에서 살아남아라, 무조건 성과를 내라' 등 회사의 언어와 논리가 어느새 직장인에게 스며들고 있다. 이런 논리는 직장인 스스로 만들어낸 것이 아니다. 회사의 이익을 위해 회사, 혹은 경영자가 만든 것인데 여기에 많은 직장인이 동조하고 마치 자신의 논리인 양 착각, 혹은 믿고 있다.

회사와 경영자의 이익은 일치하지만 회사와 직장인의 이익은 일치하지 않는다. 이 이야기를 하면 사장이나 많은 선배는 그렇게 생각하면 안 된다고 한다. 회사가 잘돼야 너희들도 잘리지 않고, 좋은 복지 혜택도 누리고, 보너스도 받지 않겠냐고 말이다. 뭐, 그것도 틀린 말은 아니다. 그런데 회사의 이익만큼 부를 축적할 수 있는 사장과 '올해도 잘리지 않고 일할 수 있겠네, 이번엔 성과급도 나오겠지?' 하고 소심하게 기대하는 직장인의 모습이 어떻게 같을 수 있을까?

하지만 회사의 이익이 곧 나의 이익이고, 회사에서 나의 존재 가치를 찾으려는 직장인이 많다. 다른 회사 비판할 때는 한창 열을 올리던 한 선배도 정작 자신의 회사 이야기가 나오면 "그래도 우리 회사는 괜찮은 편이야. 사장님도 좋은 분이고"라고 했다. 마치 다른 회사를 욕하면서 '그에 반해 우리 회사는 괜찮은 회사다'라고 스스로 강요하는 듯했다. '회사가 나쁘면 나도 나쁜 사람, 회사가 좋으면 나도 좋은 사람', 회사와 나를 동일시하는 것처럼 보였다. 좋은 회사라는 꼬임에 넘어가 그 좋은 회사로 이직한 후배들은 결국 '연봉 높은 회사가 최고다'라는 태도를 취하게 되었다.

우리는
직장인이자 회사원이자 노동자

같은 직장의 회사원끼리 모여 술을 마시고 있다. 자연스레 회사 뒷담화가 시작됐다.

"이번 회의 때 대표님 말 들었어? 업무 마무리 못했는데 정시 퇴근하는 건 보기 안 좋다니, 참나…. 우리가 뭐 놀고만 있나?"

"전 본부장님이 더 기가 막혔는데. 접때 우리 팀에서 만든 기획안을 가지고 대표님한테 본인이 다 한 것마냥 이야기하시고….”

“근데 최 주임은 왜 그래? 주임 단 지가 언젠데 아직까지도
일도 제대로 못하고, 맨날 아홉 시 다 돼서 출근하고 여섯 시
땡 하면 퇴근하고 말이야.”

“그니깐요. 기획 회의 때는 혼자 한마디도 못하고 있더라고
요. 일은 제대로 하는 건지….”

회사 동료 여럿과 술자리를 가졌다. 자연스레 회사, 사장 욕을 하
게 되었다. 그런데 한참을 열성적으로 회사 욕을 하다가도 어느
순간 자리에 없는 직장 동료를 비난하는 소리를 들을 수 있었다.
이런 모습은 비일비재했다. 물론 사장이나 임원 편에 서서 직장인
을 힘들게 하는 동료야 비판받아 마땅하지만 그렇지 않은 동료도
뒷담화의 주인공이 되곤 했다. 아무리 맘에 안 들어도 같은 직장
인인데…. 더 안타까운 점은 동료를 비난하는 이유가 회사에서 직
원에게 핀잔하는 말과 별반 다르지 않다는 거다.

회사는 임원과 직원의 경쟁보다는 직원끼리의 경쟁을 부추겼다. 그러다 보니 직원 사이에서도 암암리 경쟁의식이 생겼다. 이해할 순 없지만, 업무가 다른 데도 서로의 업무를 비난했다. 내가 다닌 중견기업에서도 각기 다른 부서에 대한 견제가 심했다. "우리 팀의 일은 얼마나 빡센데 저 팀은 쉬운 일도 제대로 못하고 엉망이다"라며 헐뜯었다. 사실 나도 "회사에서 가장 쓸모없는 부서가 인사과다. 인원이 왜 저리 많은지 모르겠다. 인사과 인원이 늘어나면 회사에 쓸데없는 규칙만 늘어난다"고 흉보고 다녔다.

그렇지만 타 부서의 업무를 이해하지 못하다 보니 결국 비난의 내용은 업무 관련보다는 "쟤는 태도가 왜 저래, 쟤는 남들 다 야근하는데 눈치 없이 맨날 칼퇴해, 쟤는 열심히 일하지 않아"일 수밖에 없었다.

근로자와 노동자

'직장인'은 헌법이나 근로기준법에서 정해놓은 바와 같이 '근로자'다. 하지만 5월 1일을 사회에서는 '근로자의 날'이라고도 하고,

'노동절, 노동자의 날'이라고도 하는 것처럼 근로자와 '노동자'는 비슷한 용어로 쓰이고 있다.

하지만 이 말들이 어떻게 쓰였는지를 보면 역사적 의미는 좀 다르다. 우리나라에서는 미국에서 유래돼 일제 강점기에 처음으로 노동자의 날 행사가 열렸는데, 처음에는 노동절로 불리다가 독재 정권에서 근로자의 날로 바뀌게 되었다. 독재 정권이나 기업에서는 유독 근로자라는 말을 좋아했다. 단순히 '몸을 움직여 일하다'는 뜻을 가진 노동보다는 '부지런히 일한다'는 근로라는 말이 마음에 들었던 거다(게다가 자꾸 시위하는 사람들이 쓰는 노동이란 단어를 쓰고 싶지 않았던 게다).

노동이란 언어가 우리나라에서 역사가 훨씬 깊고 여러 방면에서 쓰였지만, 결국 근로라는 언어에 많은 자리를 내주고 말았다. 노동이 '내가 일해서 돈을 번다'로 주체적인 말이라면, 근로는 '열심히 일해서 돈을 받는다'는 객체적인 말이 되었다(마찬가지로 근면 성실과 같은 단어도 수동적인 언어로 쓰인다. 실생활에서 '자네 참 근면하구먼'이라고는 써도 '나는 참 근면해'라고는 하지 않는다).

언어의 쓰임과 마찬가지로 실상에서도 직장인은 노동자가 아니라 근로자가 되었다(마치 주체인 시민이 객체인 서민이 되어버린 것처럼). 스스로 목적을 갖고 일하기보다는 회사에서 시키는 일만 하거나 회사의 시각으로 나를 바라보는 직장인이 되었다. 그래서 누군가 "무슨 일 하세요?"라고 물으면 "책 만드는 일 하고 있어요"라고 하기보다는 "출판사 편집자 하고 있어요"라고 이상한 대답을 한다.

언젠가 회사 동료와 회사 복지에 대한 이야기를 나눈 적이 있다. 누가 나에게 "박 대리님은 어떤 복지가 있었으면 좋겠어요?"라고 묻자 나는 "유급 생리 휴가가 생겼으면 좋겠어요"라고 했다. 왜냐하면 현재 무급 생리 휴가가 법적으로 보장받고 있지만 대부분의 여성은 쓰지를 않고 있다. 회사에서 무급이란 말은 웬만하면 쓰지 말라는 무언의 압박이니까. 몇몇 회사에서 생리 휴가를 유급으로 바꿔서 여성 직원 만족도가 높아진 사례를 들은 바 있어서 그렇게 대답했다.

그런데 이 이야기를 하면, 여성들은 좋은 생각이라고 하는 반면 남성들은 심하게 반발했다. 악용하는 사례가 있을 거다, 왜 여성만 복지 혜택을 받아야 하는가, 불공평하다는 게 이유였다. 여기서 또 안타까웠던 건 왜 나와 같은 노동자가 혜택을 받는 일인데 그걸 반대할까 하는 거다. 내 동료 노동자 누군가라도 복지 혜택을 좀더 받을 수 있다면 좋은 일 아닌가? 만일 회사에서 유급 생리 휴가를 추진하려고 했는데, 남성들이 반대해서 무산된다면 회사만 좋은 일 아닌가?

사실 불공평하다는 논리는 회사의 입장과 다를 바가 없다. 회사는 직원이 이런저런 복지를 요구하면 늘 "형평성에 맞지 않는다"는 이야기를 했다. 그와 같은 논리를 직장인도 하고 있으니 늘 회사의 복지는 하향 평준화되고 있다.

우리는 직장인, 회사원, 직원, 알바, 월급쟁이, 정규직, 비정규직, 일용직, 임계장 등 여러 이름으로 불린다. 이를 묶어주는 말은 노동자다. 레드 컴플렉스로 노동이란 말을 싫어하는 사람들도 있지만, 우리가 노동자임을 잊으면 언제나 객체로 회사에서 살아갈 수밖에 없다.

내가 신입 때
회사는 말이야…

무엇을 잘못했기에
갈굼을 당하는 걸까?

카페에 같은 회사의 직장인 네 사람이 앉아 있다. 과장들이 사원 한 명을 갈구고 있다.

정 사원 : 잘못했어요.

강 과장 : 이건 잘못했다고 할 게 아니라 네가 반성해야 하는 거야.

하 과장 : 전에 권 주임이라고 있었는데, 걔는 완전 박살 났어. 걔가 3년 차인가 그랬는데 큰 건 한번 해봤다고…. 난 경

력이 10년이 넘었는데…. 갈 길이 멀다, 멀어.

강 과장 : 이건 그런 거하고 똑같아. 애가 엄마 돈을 훔쳤는데, 엄마는 다 알거든. 근데 변명을 해. 변명을 왜 해? 변명이 필요 없어.

하 과장 : 너 할머니하고 단둘이 살았다고 했나? 그때 오냐 오냐 다 받아줘서 그래.

강 과장 : 그래서 그래. 넌 기본이 안 되어 있어. 기본이 중요한데…. 됐고, 다음부터 잘하면 돼. 이걸로 공부해 봐. 내가 신입 때 공부했던 자료인데 잘 모르면 나한테 물어봐. 근데 내가 다 가르치면 학원 선생을 하지, 여기서 왜 이러겠어. 알겠지?

하 과장 : 처음엔 노트 가지고 다녀야 해. 나도 노트에다가 다 적고 그랬어.

정 사원 : 아, 제가 정말 잘못했네요. 반성할게요.

강 과장 : (임 대리를 바라보며) 중간이 제일 힘들어. 여기 말도 들어야지. 애들 관리도 잘해야지. 그래도 네가 이런저런 거 다 해야 메인 됐을 때 애들 잘 다룰 수 있어.

하 과장 : 갈 길이 멀다. 갈 길이 멀어.

강 과장 : 나 정말 화내는 게 체질에 안 맞아. 그런데 오늘은 아냐. 욕먹어서 배부르지? 그래도 케이크 하나 먹을래?

어느 날 카페에서 혼자 앉아 커피를 마시고 있는데, 바로 뒤에서 "잘못했어요, 잘못했어요" 하는 소리가 들렸다. 뒤쪽에는 같은 일을 하는 듯한 직장인 넷이 있었다. 흔히 볼 수 있는 갈굼의 현장이었다.

갈굼 현장이 늘 그렇듯 구성하고 있는 멤버도 전형적이었다. 본격적으로 갈구는 선배, 추임새를 넣는 선배, 아무 말 안 하고 같이 혼나는 듯한 선배, 본격적으로 갈굼을 당하는 후배가 있었다. 마치 군대에서 많이 보아왔던 광경이 펼쳐져 있는 듯했다.

선배들이 처음 카페에 등장할 때는 약속 시간에 늦었는지 "미안, 미안"이라는 말로 시작했다. 하지만 바로 한마디를 시작하는 걸 보면 별로 미안한 마음은 없었던 듯싶다. 저들의 대화가 얼마나 폭력적이고 부조리했는지 대화에 끼어들고 싶을 지경이었다.

강 과장이 정 사원에게 '잘못한 게 아니라 반성해야 한다'고 한다. 대체 무슨 뜻일까? 사실 당하는 입장에서 보면 잘못했다 하거나 반성한다 하거나 아무런 의미 차이가 없다. 하지만 갈구는 입장에서는 좀 차이가 있다. 잘못했다는 정 사원의 말을 강 과장이 그대로 받아버리면 용서를 하든 용서를 하지 않든 (어떤 일인지는 모르겠지만) 잘못한 일에 대한 책임을 본인도 가져야 한다. 그렇지만 반성해야 한다는 것은 반성하는 개인에게 모든 책임을 떠넘기는 거다. 강 과장은 용서하고 같이 잘해보자 하기보다는 너에게 책임을 묻겠다고 하는 거다.

추임새를 넣는 하 과장의 발언은 대놓고 폭력적이다. 자라온 환경까지 이야기하는 건 인권을 깡그리 무시하는 말이다. 정 사원을 같이 일하는 동료로 생각하지 않고 내가 마음대로 평가하고 가르쳐야 할 대상으로 보니 저런 말이 나온다. 게다가 과거 박살났다는 직원 이야기까지 꺼내는 것은 너도 박살 날 수 있다는 협박이나 다를 바 없다.

강 과장과 하 과장은 정 사원이 잘못한 일을 조목조목 지적할 생각은 전혀 없나 보다. 일적인 문제를 언급하지 않고 정 사원이란 대상에만 집중한다. 이상한 비유를 들어 끼워 맞추려 하고 인성이 어떠한지 평가하려 든다. 너의 인성 때문에 일이 잘못됐다고 하는 거다. 그러면서 늘 하는 소리, '기본이 안 되었다'는 이야기를 한다. 회사를 좀 다녀본 직장인이라면 막상 인성이 안 좋다 해서 사원 정도의 직장인이 일을 망치는 경우를 겪어본 적 있는가? 인성과 일은 연관성을 갖지 않는 경우가 많다.

강 과장이 비유를 든 돈을 훔친 아이 이야기도 강 과장에게만 의미가 있다. 정 사원을 아이로 비유하면서 정 사원이 여전히 가르침을 받아야 할 사람이라고 규정한다. 그리고 자신은 엄마처럼 너를 보살피고 가르치고 혼내기도 하지만 나쁜 의도가 아니다, 난 엄마와 같다는 말을 하고 싶은 건지도 모른다.

어쨌든 결국에는 교육이 시작된다. 나는 너를 가르쳐야 할 의무가 있으니까. 언제까지 널 가르쳐야 하느냐 불평을 하지만 내심 싫지만은 않아 보인다(사실 강 과장과 같은 선배들은 교육하는 걸 너무너무 좋아한다). 선배들은 항상 교육에 대한 부담을 안고 있지만 그 부담을 내려놓는 법이 없다.

교육의 정점은 나의 경험이다. 강 과장은 '내가 했던 방식 그대로'가 바로 교육의 목표라고 생각하는 듯하다. 정 사원이 노트를 사용하지 않고 자신만의 방식으로 일을 배우는 것은 바람직하지 않다고 판단한다. 내가 조직에서 살아남아 지금의 위치에 오른 것은 모두 내가 선택한 방식 덕분이라고 착각하는 선배가 후배에게 해줄 수 있는 이야기는 자신의 경험밖에 없다.

아무 말도 없던 임 대리에게 전한 이야기도 결국 나의 경험이었다. 나 정도의 위치에 오르려면 온갖 시련을 감당해야 하고, 자신만의 방식을 고수해야 하고, 후배들도 잘 갈궈야 하고…. 당사자를 앞에 두고 '다룬다'는 표현을 당당하게 말할 수 있는 자신감이 더 놀라웠다. 온갖 말로 갈구고 나서 마지막에 케이크라도 사주려는 강 과장은 자신이 후배를 잘 가르치면서 먹을 것도 사주는 훌륭한 선배라고 생각하고 있을 거다.

그런데 도대체 정 사원은 무엇을 잘못한 걸까? 이야기를 듣는 내내 정 사원이 잘못한 이유를 알 수가 없었다. 정리한 이야기만 뜯어보자면 정 사원의 잘못은 경력이 짧기 때문이며, 변명을 했기 때문이며, 기본이 안 되었기 때문이며, 노트를 가지고 다니지 않기 때문이며, 갈 길이 멀기 때문이다. 근데 어떤 일을 잘못한 거지?

한때 '꼰대'에 대한 이야기가 곳곳에 나돌면서 덕분에 회사의 꼰대들이 몸을 사리고 있는 듯했다(물론 나도 마찬가지다). 하지만 대놓고 꼰대질 하는 걸 조심할 뿐이지 암암리에 나이 많은 선배로서, 경력 많은 고참으로서 꼰대질은 벌어지고 있다.

나이를 먹어가면서 꼰대 될 위험이 많은 건 어쩌면 당연하다. 더 많은 경험을 하고 더 많은 일에 부딪치며 살아왔으니까. 문제는 태도다. 꼰대에게는 나의 경험적 서사만 가득하다. 나의 서사만 가득해서 타인의 서사가 들어올 틈이 없다. 여기서 타인의 말과 행동과 경험이 무시된다. 타인을 나의 서사로만 이해하려고 하니 이해할 리가 없다.

평생 직장이 사라지고 '조직 안에서 살아남는 것이 성공'이라는 명제가 생겨버렸다. 그러다 보니 공동체 서사는 사라지고 하나의 공동체인 조직에서 개인 서사만 남는 일이 생긴 것이 아닐까? 그래서 공동체 안에서 힘없는 타자에게 개인 서사만 강조하고 있는 것은 아닐까? 어쨌거나 뭐가 됐든 선배가 후배를 갈굴 합당한 이유란 건 없다.

우리 회사에는
형님이 있다!

이 본부장과 조 팀장이 따로 술자리를 가졌다.

"와, 이번에 본부장님이 정하신 책 제목, 너무 섹시하던데요? 대박 치겠어요."

"그래? 전에 대박 났던 책 제목, 그것도 내가 한 거잖아."

어느새 술자리는 무르익고.

"성우야. 술자리에서는 그냥 형이라고 불러."

"그럴까요? 형?"

불과 2, 3년 전만 해도 많은 기업의 신입 사원 연수가 군대식으로 치러졌다(신입 사원들을 일렬로 세워 얼차려를 주면서 그 이유로 들었던 '애사심과 주인 의식을 기르기 위해서'란 말이 인상 깊었다). 당시 언론과 대중이 비난을 가하자 최근 들어 기업에서는 연수 문화를 바꾸고 있다지만, 조직에 뿌리박힌 군대식 문화가 쉽사리 바뀔 리가 없다.

지금 회사에는 병장님이나 상병님은 없지만 형님이 있다. 형님은 평소(특히 술자리에서) 친근하게 다가와 "우린 가족이나 다름없어. 내가 잘 이끌어 줄게"라고 했다가도 위기의 순간이 오면 "형을 위해 네가 좀 희생해라"라고 한다. 진짜 가족이고 형이라면 대들 법도 하지만, 어디 군대에서 '계급장 떼고 덤벼 봐'란 말이 통하던가.

고등학교 때는 선배 교육이란 이름으로, 대학 때는 과 전통이란 이름으로 부조리한 괴롭힘을 당해왔다. 이제 나이도 먹고 회사원이 되었건만 그놈의 전통과 교육은 여전히 많았다. 내가 처음 영업할 때 팀장을 따라 업계 선배 모임에 나간 적이 있었다. 한 선배는 초면부터 나이를 묻고선 나보다 나이가 많다고 바로 "그럼, 말 놓을게"라고 하더니, 그날 하루 동안 "형이, 형이…, 형이 말이야" 이런 소리를 수없이 들어야 했다(초면부터 내가 나이가 많다고 "형님, 형님" 하던 후배도 부담스러웠지만).

그 형은 처음 만난 날부터 나에게 좋은 이야기를 많이 해주고 싶었는지 끊임없이 이야기를 이어갔다. 모임에 나온 다른 형님을 칭찬하면서 "나도 이 모임 나와서 많이 배웠다. 형들한테 배울 게 많다"라고 하더니, 술을 진탕 마시고서는 "오늘 너 취하는 모습 좀 봐야겠다"라고 했다. 여기서는 배울 게 없을 것 같아 다시는 모임에 나가지 않았다.

독재 정권 시절, 우리나라 기업은 군대식 문화와 유교 전통을 결합해 기업 조직의 수직적 구조를 공고히 했다. 시대가 변하면서 기업 문화도 바뀌고는 있다지만 그 속도는 매우 더디다. 기업에서 조직의 유연화가 강조되고, 수평 관계, 직장인의 자율성과 창의성이 중요하다라는 말은 외침으로만 머물뿐 현실에 제대로 반영되지 않는다. 우리 사회, 혹은 회사에서는 특히 어리고 힘없는 놈이 맞먹는 것을 용서하지 않았다.

버르장머리와 예의

회사에서 누군가 상급자에게 "이제 이사님이 넘버 투입니다"라고 말했다는 걸 들은 적이 있다. 회사에도 분명 '넘버 투, 넘버 쓰리'가 있고 편의상 '상무, 이사, 부장, 차장, 과장' 등으로 부른다 (별명으로 서로를 호칭하는 회사에서도 분명 서열이 있다). 회사 안에서의 계급은 점점 세분화되어 가지만, 수직적 구조 안에 어떻게든 우겨 넣었다. 많은 회사 홈페이지의 '조직도'를 보라. 내가 다닌 회사의 결재선은 무려 '나 → 팀장 → 본부장 → COO → CFO → CEO'였다.

회사에서는 군대처럼 상명하복이란 말을 쓰지 않지만, 상급자는 하급자를 칭하며 "쟤는 참 개념이 없다"는 말을 쓴다. 혹은 "쟤는 참 예의가 없어"란 말로 상하 관계를 분명하게 나눈다.

나는 예의 없는 사람이 싫다. 내 지인들이 만약 이런 말을 들었다면 웃을지도 모르겠다. 나는 버르장머리 없다는 이야기를 종종 들으니까. 내가 버르장머리 없다는 말을 듣는 건 나보다 나이 많은 사람에게 맞먹거나 반말을 섞어가며 이야기하기 때문인데 이게 딱히 예의가 없는 건지는 잘 모르겠다. 예의는 상호 간에 존

중하는 태도를 보여야 하는 것이지, 나이가 많거나 계급이 높은
사람은 함부로 말해도 어린 사람은 깍듯해야 한다는 건 아니다.

차 대리 : 팀장님, 이번 건은 효과도 없고 시간 낭비일 거 같은데.
하지 말지?
유 팀장 : 대리님, 대리님은 경력도 많으신데 일을 못하시는 거 같
아요. 다른 회사에서는 어떻게 일했는지 모르겠는데 잘못 배우신
거 같네요.

위의 발언만 놓고 본다면 누가 더 예의 없는 사람이라고 할 수
있을까? 맥락과 상황을 따져봐야 알 수도 있지만 위의 상황만 보
면 유 팀장이 훨씬 예의가 없는 사람이라고 생각한다. 차분히 존
댓말로 이야기하지만 상대를 깔보고 무시하는 태도가 깔려 있다
(동등한 입장이라면 이런 발언을 할 수 있겠는가). 안타깝게도 회
사에서 상냥한 말투로 존댓말 또박또박 하는 상급자가 다른 팀원
에게는 좋은 사람이란 소리를 듣지만, 정작 같이 일하는 팀원은
죽을 맛인 경우가 종종 있다.
　　결국 회사에서 차 대리와 같은 사람은 건방지고 예의 없는 사람

으로 평가받는데, 이는 버르장머리와 예의를 구분하지 못하거나 수직적 조직 구조에서 예의는 아래로만 흐르기 때문에 그러하다.

요즘 애들

회사에서는 언제나 요즘 애들에 대한 이야기가 많다. 내가 요즘 애들이었을 때 선배들은 "뭐 이런 애가 다 있지?" 했을 테고 나도 마찬가지로 요즘 애들을 만나면 '이건 뭐지? 왜 저런 행동을 하지?' 생각한다.

그런데 회사 상급자가 가진 요즘 애들에 대한 불만은 막상 별거 아니다. 큰 규모의 회사일수록 왕래가 적은 다른 부서 사람을 잘 모르는 경우가 많은데, 친한 팀장끼리 모여 수다를 떨다가 이런 소리 하는 걸 들었다.

"이번에 경영본부에 또 팀원 뽑았다며? 거긴 뭐 하는 일도 없이 사람만 뽑는지 모르겠어."

"그래? 신입 얼굴도 못 봤네? 요즘은 신입 와도 소개 안 시켜 주나 봐?"

"아, 난 저번에 탕비실에서 마주쳤는데 인사도 안 하고 모른 척 지나가더라고."

만나서 그렇게 반가웠으면 먼저 인사했으면 됐을 텐데, 예의는 늘 위에서 아래로 흐르는지라 인사 문제가 요즘 애들을 비난하는 이유가 되기도 한다. '요즘 애들은 출퇴근할 때 인사도 안 한다, 요즘 애들은 아홉 시 땡 하면 출근하고 여섯 시 땡 하면 퇴근한다, 일이 바빠 팀원들 야근하는데도 혼자 간다는 소리가 나오냐' 결국 상급자가 말하는 예의 없음은 나를 먼저 반가워하지 않아서고, 출퇴근 시간을 정확히 지켜서다. 요즘 애들을 비난하는 이유가 고작 이렇다면, 사람을 살필 일이 아니라 조직 구조의 문제를 살필 일이다.

말로는
수평 관계

회사에서 단합회 겸 엠티를 갔다. 팀을 짜 게임을 하고, 고기를 구워 먹고, 술을 한잔했다. 2차로 대표와 직원이 함께 간단히 맥주 한잔하며 담소 나누는 시간을 가졌다. 맨앞 상석을 마련하고 직원들이 대표를 바라볼 수 있게 테이블을 배치했다. 대표는 "회사의 철학이 어쩌고저쩌고, 나의 철학이 어쩌고저쩌고…." 일장 연설, 혹은 강의를 시작했다.

"우리 회사는 모든 임직원이 수평 관계야. 누구나 자유롭게 말하고 질문할 수 있어야 해. 혹시 질문 있는 사람?"

아무도 손을 들지 않았고, 그때 1차에서 이미 취한 한 직원이 횡설수설했다. 대표는 취한 직원을 슬쩍 보더니 불편한 기색을 감추지 않으며 말했다.

"내 이야기 듣고 싶지 않은 사람은 굳이 여기 안 있어도 돼."

한쪽에서는 취한 직원을 진정시키고 대표는 계속 질문자를 찾았다. 아무도 질문을 하지 않자 대표는 짜증 섞인 목소리로 질문이 왜 중요한지에 대해서 일장 연설을 했다. 그제야 본부장, 이사 등 몇몇이 손을 들고 질문을 했다.

"경 본부장이 아주 좋은 질문을 했어."

그러고 나서 또 질문에 대한 답으로 일장 연설을 시작했다.

중견기업에 입사한 지 채 일주일도 되지 않아 엠티를 갔다. 거기서 내가 받은 인상은 충격과 공포였다. 임직원이 팀을 나눠 뭐 알 수 없는 게임을 했지만 나름 열심히 참여했다. 그러다가 세 번째

게임까지 끝나고 우승 팀이 가려졌다. 그때 이사 한 명이 강당으로 들어오더니,

"대표님 오셨습니다!"

이 한마디로 진행자와 임원들이 분주해졌다. 곧 진행자가 직원들에게 말을 했다.

"대표님 오셨으니까 아까 마지막 게임 다시 할게요. 다시 팀별로 모여주세요. 대표님한테 우리가 재밌게 놀고 있는 모습을 보여드려야 해요."

대표가 들어오고 강당 뒤편에 아주 편해 보이는 의자에 앉았다. 그리고 다시 게임을 시작했는데 다들 마치 처음 하는 게임처럼 즐겁게, 열심히 했다. 대표 앞 재롱잔치를 보는 것 같았다.

다음 날 오전에는 족구와 피구를 했다. 대표가 심판을 봤는데 승부가 너무 한쪽으로 기울자 편파 판정을 하며 기울기를 조정했다. 난 모든 과정이 너무 지루해 팔짱을 끼고 짝다리를 짚고 구경하고 있었다. 그러자 한 직원이 다가오더니 "대표님 앞인데 팔짱 푸세요"라고 하고, 다른 직원이 다가오더니 "대표님 계신데 짝다리 하지 마세요"라고 했다.

분명 전날 밤 대표 연설에서는 우리 회사 구성원은 수평 관계

라고 했는데 뭐가 수평 관계인지 알 수가 없었다. 아무도 대표를 편하게 생각지 않고 모두가 떠받들고 있는데, 질문하라면 터놓고 질문할 수가 있을까? 누가 봐도 상석에 앉아서 우리는 수평 관계다라고 이야기하면 그걸 곧이곧대로 믿는 사람이 있을까?

이 회사에서는 1년에 한 번씩 큰 행사가 있었는데 외부 인사도 초청해 행사를 관람했다. 대표와 외부 인사는 그럴싸한 의자에 앉아 행사를 지켜봤는데 그 옆에는 경영본부의 막내 여성 직원 둘이 타이트한 정장을 입고 굽 높은 구두를 신은 채 시중을 들어야 했다. 외부 인사를 초청한 주체가 손님 접대하지 않고 막내들을 시키는 것도, 그중에도 여성을 비서처럼 부리는 것도 구시대적이고 차별적이었다. 이런 시중을 다 받는 대표는 그런데도 우리가 수평적이라고 한다.

회사에서 막내의 고통은 끝이 없다. 팀으로 전화가 오면 전화를 받는 것도, 회사로 온 신문이나 잡지 등의 자료를 정리하는 것도, 택배를 포장하는 것도, 심지어 점심때 식당에 가서 수저를 배치하고 물을 따르는 것도 막내다. 군대와 뭐가 다른가. 꼰대가 되지 않으려는 선배가 늘면서 막내 일을 나눠서 하려는 노력도 있지만 이상하게도 전화를 먼저 받는 일이 없다. 막내들이 온갖 잡무를 다하고 나면 일할 시간이 부족해 일을 배워가기도 벅찬데 막내가 못마땅한 선배들은 이런 소리를 한다.

"왜 이렇게 일이 안 늘지?"

시대가 변해 회사 구성원이 일을 할 때 소통과 자율성, 창의성이 중요하게 여겨진다. 하지만 그간 쌓아온 수직 구조는 굳건하고 바뀔 여지가 보이지 않는다. 그렇다고 구시대적인 회사로 남을 수는 없으니 실질적인 구조는 바뀌지 않으면서 말로만 수평 구조라 한다. 우리는 창의적인 회사라고 외부에다가 떠들어대야 하니까. 좀더 수평적임을 드러내기 위해서 회의실 테이블 배치를 둥그렇게 하든가, 직급을 없애 '마이클님, 앤서니님, 수잔님'이라고 영어 이름을 부른다. 그러나 직원들은 알고 있다. 다 같이 '님'을 붙이지만, 그 무게감은 다르다는걸.

직장인은 좋은 회사를 꼽을 때 안정적인 회사, 즉 잘리지 않는 회사를 선호한다. 하지만 잘리지 않는 회사가 좋은 회사가 아니라 (우리의 현실과 동떨어지긴 했지만) 잘못을 하면 사장도 자를 수 있는 회사가 좋은 회사다. 나는 잘못하면 잘리는데 사장은 잘못해도 잘리지 않는 한 수평 구조의 회사가 있을 수 없다.

가족(?) 같은 분위기를 자랑하는 한 중소기업은 사장 생일이 되면 팀별로 장기자랑을 했고, 돈을 모아 사장이 좋아하는 명품을 사주었다. 한 중소기업은 아침마다 전 직원이 빙 둘러앉아 조회를 하며 요즘 무슨 생각을 하고 뭐를 하는지 돌아가면서 자유롭게 발언했다. 모두 책 읽기와 같은 고상한 취미활동을 이야기하고 있는데, 한 직원이 주말에 한 게임 이야기를 했더니 이를 못마땅하게 여기던 사장이 결국 그 직원을 자른 일도 있다. 그러니 회사에서 '우리는 자율적이고 수평적인 분위기다' 하는 소리는 믿을 게 못 된다.

사내 정치란
무엇인가?

A사는 근속 기간 5년을 채운 직원에게 해외여행을 보내주었다. 직원들은 이런 회사의 복지를 자랑스러워했다.

그런데 언제부터인지 모르겠지만 근속 기념 여행을 다녀오는 직원은 다들 하나같이 사장에게 줄 선물을 자비로 사가지고 왔다.

"한 팀장, 이번에 가져온 술 좋더라. 딱 내가 좋아하는 스타일이던데?"

사장이 이번에 5년 근속 여행을 다녀온 한 팀장에게 지나가
는 말로 전했다.

얼마 뒤 근속 여행을 다녀온 신 팀장은 더 비싸고 좋은 술을
선물했다. 구 본부장은 고급스러운 찻잔 세트를 선물했다.
직원들 여행 경비나 복지는 전부 다 회삿돈으로 쓰지만 호
사는 사장 혼자 누렸다.

사장 아들파와 부사장파의 권력 투쟁. 그 아래 전무, 이사, 부장,
차장에 이르는 라인 다툼과 견제. 이런 사내 정치는 TV 드라마나
내가 가볼 수 없는 대기업에서나 벌어지는 일인 줄 알았다(물론
현실에서는 사장 아들파가 질 리가 없다). 그런데 가족 같은 분위
기라는 작은 회사에서도 사내 정치는 벌어졌다.

작은 회사에서 사내 정치란 소위 '사장에게 잘 보이기'였다.
어떤 회사에서는 사장이 농장을 가지고 있었는데 임원들이 주말
에 일손 돕는 일을 자처했다. 그리고 서로 나는 몇 번 갔다 왔다

며 누가 사장하고 더 돈독한지 겨루었다.

막상 회사 규모가 크다고 해서 '사장에게 잘 보이기'는 바뀌지 않았다. 대기업도 사내 정치가 더 분화되었을 뿐이지 그 방식은 다르지 않다. 사장, 회장 얼굴을 보지 못하는 직원은 자신이 접할 수 있는 최고 권력자에게 잘 보이려 경쟁한다. 정치라 하면 최고 권력자가 되기 위한 투쟁이다. 그런데 우리나라의 회사 최고 권력자는 바뀌는 일이 없다. 아래서 투쟁한다고 해서 얻을 수 있는 게 아니다(대기업도 회장 아들이 또 회장이 되는 판국에 그보다 작은 기업은 오죽할까). 1인자가 공고한 조직 구조 안에서 사내 정치의 최고 목표는 '사장에게 잘 보이기'가 될 수밖에 없다.

"회사가 어렵다"라는 무서운 말이 있다. 이 말이 사장 입으로 나온 순간 모든 직원은 긴장하게 된다. "회사가 어려우니 다른 기업보다 좋은 성과를 내도록 잘해보자"가 아니라 "회사가 어려우니 월급이 안 나올 수도, 누군가는 잘릴 수도 있다"라는 의미로 받아들여지기 때문이다. 미리 사장에게 잘 보이지 않으면 경쟁 체제에서 질 수 있다는 거다(사장도 이를 잘 알고 있어서 회사에서 조금이라도 복지 혜택을 준다면, 생색내기 바쁘다).

우리나라는 외환 위기(IMF 사태)를 겪으면서 평생 직장이 사라졌다. 언제라도 잘릴 수 있다는 위기의식은 직장인의 무한 경쟁을 낳았다. 직장인은 더 높은 직급으로 올라서기 위해서가 아니라 살아남기 위해 경쟁했다. 이러한 경쟁 체제에서 '평가'가 등장했다. 그런데 평가를 내리는 주체는 늘 경영자이다 보니 경영자에게 잘 보이려는 경쟁이 심화됐다. 기업 간 경쟁보다도 직장인에게 중요한 건 조직 내 경쟁이었다.

경제 성장과 함께 기업이 거대해지면서 기업이 기업을 낳고, 기업 구조는 세분화되었다. 그리고 생산성을 높이기 위해 '팀'이 만들어졌다. 팀은 스포츠 팀과 닮았다. 스포츠 경기처럼 팀 간 경쟁이 끊임없이 이루어졌다. 다른 팀보다 더 높은 성과를 내야만 승리하니까. 하지만 스포츠 팀이 선수가 잘 못하면 감독이 경질되는 것과는 달리 회사에서는 팀 책임자를 바꾸지 않고 선수들을 내쫓았다. 팀 간 경쟁에서 또다시 개인 간 경쟁으로 직장인은 내몰렸다.

회사의 목표는 기업 간 경쟁에서 승리하는 것일 텐데, 기업 전체 성과가 떨어져도 1인자는 책임지지 않으니 기업 간 경쟁은 팀 간 경쟁으로, 또 팀 간 경쟁은 개인 간 경쟁으로 변질되어 갔다.

절이 싫으면
중이 떠나라!

황 사원이 회사 동기인 배 사원을 만나 고충을 털어놓고 있
었다.

"나 이 회사랑 정말 안 맞나 봐. 팀장님 말은 이해도 안 되고,
본부장은 말도 안 되는 일을 주지 않나. 적응을 못하겠어."

"이 회사가 좀 그렇잖아. 어쩌겠어? 절이 싫으면 중이 떠나
야지."

"그러게. 내가 다른 데로 이직을 하든가 해야지."

"근데 양 팀장님 진짜 사람 많이 변하지 않았어? 전에는 잘 해주시고 좋은 분인 줄 알았는데, 팀장 달더니 완전 딴사람이 됐어. 회의 때 윽박지르기나 하고 말이야."

"나도 변했다 생각했는데…. 자리가 사람을 만든다잖아. 원래는 좋은 사람이었을 거야."

나는 회사 이야기를 할 때 '절이 싫으면 중이 떠나라', '자리가 사람을 만든다'와 같은 말을 싫어한다. 이 말들은 회사의 입장에서 유리하게 쓰이기에 우리가 쓰는 순간 불합리에 견디는 걸 당연하게 받아들이도록 한다.

절이 이상하다면 절을 고쳐 나가면 될 일인데 절은 바뀔 생각이 없고 선택의 몫을 중에게 맡긴다. 이는 회사에서 구조는 바꿀 생각 없고 개인에게 책임을 지우고 있는 것과 다를 바 없다.

회사에서 안 좋게(좋게가 가능한 것인가 싶지만) 나가는 친구가 이런 소리를 한 적이 있다.

"내가 나가면 회사 잘되나 봐라. 분명 분위기 안 좋을 거다. 내가 벌린 일이 많은데 할 사람 없어서 고생 좀 할 거다."

특히 아주 열심히 회사에서 일했던 친구들이 이런 발언을 자주 한다. 그리고 다른 회사로 이직하고 나서도 전 회사에 미련이 남았는지 이전 회사 직원을 만나거나 연락하면서 "지금 거기 분위기 별로지?" 따위의 질문을 한다. 이런 친구에게 난 항상 찬물을 끼얹는다.

"너 나가도 별문제 없을 거다. 회사는 잘만 굴러갈 거다."

물론 여러 업무를 담당하던 직원이 퇴사를 하면 그 일을 다른 직원이 나눠 하면서 좀 고생할지도 모른다. 하지만 분위기 나쁜 것도 일시적이고, 회사는 별문제 없이 돌아간다. 회사에 모든 걸 바쳤던 직장인은 회사에 많은 영향력을 끼칠 거라 생각하지만 실상 개인이 회사에 끼치는 영향은 생각보다 적다.

요즘 회사에서는 '인재가 곧 기업의 자산이다'라고 강조하는데 어째서 인재를 잃어도 잘만 돌아가는 걸까? 그건 기업 조직의 업무가 기본적으로 '지시, 이행'으로 이루어지기 때문이다. 기업의 수직 구조에서 상급자가 지시를 내리고 하급자가 지시를 이행한다. 그래서 하급자인 직원이 갑작스레 퇴사를 하더라도 회사는 새로운 이행자를 뽑거나 다른 하급자들에게 일을 분배하는 것만으로도 차질 없는 업무 환경을 만들 수 있다. 업계에서 근무 조건이 안 좋기로 소문이 나 경력자들이 모두 피하는 회사가 아무것도 모르는 신입을 뽑아 별다른 피해 없이 매출을 유지하는 것도 가능한 이유다.

내가 다닌 회사에서 회계팀원을 뽑을 때 회계팀장의 마음에 들었던 구직자를 본부장이 면접에서 떨어뜨린 일이 있었다. 회계팀장이 "일 잘할 것 같은데 왜 떨어뜨렸냐"고 묻자, 본부장은 "개인상이 별로야. 말 잘 안 들을 거 같아"라고 했다. 회사에서는 여전히 시키는 일이나 똑바로 할 사람을 찾는 거지 인재 따위를 찾는 게 아니다. 그러면서 '인재 경영'을 강조하는 이유는 일이 틀어졌을 때 비로소 "넌 인재야. 인재 한 명이 잘못하면 회사에 얼마나 큰 손실이 생기는지 알지? 그러니 이번 일은 너의 책임이 커"라며 개인에게 책임을 지우기 위해서다.

'자리가 사람을 만든다'는 말은 어떨까? 직장인은 누군가 그 자리에 올라서 변하면 이런 말을 잘하는데 이때 쓰기에 딱히 맞는 비유 같지는 않다. 자리가 주는 무게감에 사람이 변하는 게 아니라 그 자리에 오른 사람이 권력을 얻었다 착각하여 본연의 성격을 내보이는 것뿐이다. 팀원일 때 순했던 사람이 팀장 달고 말을 함부로 한다는 건 팀원이었기에 그 사람이 자기 자신을 다 드러내지 못했을 뿐이다. 군대에서도 이등병은 누구나 다 순하디 순하지 않은가.

상급자가 이 말을 쓸 때는 자신이 속한 '자리'에 과한 책임감과 어려움을 부가하는 경우가 많다. "네가 이 자리에 와봐라. 책임 져야 할 일도 많고 신경 쓸 게 너무 많다. 차라리 다시 사원 때로 돌아가고 싶다." 그렇게 힘든 자리라면 자리를 바꾸면 될 일 아닌가. 왜 꾸역꾸역 그 자리에 맞춰 사람을 바꾸려고 하는가.

권한과
책임

한 유학생이 도서관 몇 군데에서 도서를 대출했다. 그런데 도서관마다 대출 기간이 다르다는 것을 모르고, 한 도서관에는 꽤 시일이 지나서야 도서를 반납하게 되었다. 그 도서관에서 연체료를 내야 한다고 하는데 풍족하지 않은 유학생에게는 부담스러운 금액이었다.

유학생은 사정을 이야기했다. 자신이 유학 온 지 얼마 되지 않아 기간을 잘 몰랐다, 내 생활이 넉넉지 않아 나에게는 연체료가 너무 부담스럽다, 연체료를 좀 깎아줄 수는 없겠느냐. 사정을 들은 도서관 담당자는 이렇게 대답했다.

"연체료를 안 내는 것은 원칙상 안 된다. 그럼, 이렇게 하자. 권당 하루 연체료로 1센트씩만 내라."

어느 강연에서 유학생의 연체료 이야기를 듣고 감명받았던 적이 있다. 우리나라에서는 도저히 벌어질 수 없는 일 같았기 때문이다. 우리나라 공무원을 보며 사람들은 답답하거나 무능하다는 소리를 한다. 원칙상 안 된다는 소리를 남발하고, 1~6번 자료 중 하나라도 빠지면 불가능하다라는 이야기만 하기 때문이다. 위와 같은 일이 우리나라 공무원 사회에서 벌어진다면 어떨까? 아마 또 원칙 이야기를 하며 불가능하다 할 거다.

우리나라 공무원 사회가 유연하지 못한 이유는 수직 구조 안에서 밑으로 갈수록 권한이 없기 때문이다. 문제는 권한이 없는 말단 공무원들이 대부분의 민원을 맡고 있다는 점이다. 유연하게 대처해야 할 상황이 오면 항상 상급자에게 허락을 구하니 일이 될 리가 없다.

세상이 바뀌었다. 반복적인 일만 열심히 하면 생산량을 늘릴 수 있던 공장식 생산이 엄청난 속도로 다변화됐다. 시키는 일만 열심히 하면 됐던 직장인은 변화에 적응해야 했다. 회사에서는 직장인 누구나 전문성과 창의성을 갖추라고 요구했다. 직장인 누구나 유연하고 창의적인 전문가로 자랄 수 있도록 권한과 책임을 부여했다.

그런데 직장인은 생각한다. 내가 책임질 일은 많은데 권한은 없는 느낌이다. 상급자는 권한을 행사하는 건지 권력을 행사하는 건지 잘 모르겠다. 나의 권한으로 어떤 일을 할 수 있을까? 그냥 일일이 허락받고 일하는 게 낫지 않을까?

조직의 수직 구조는 변하지 않은 채로 회사는 직장인에게 많은 걸 요구했다. 그래서 직장인은 시키는 일도 잘해야 했고 전문성과 창의력마저 갖춰야 했다. 상급자는 "시키는 일만 제대로 해라"라고 했다가, 하급자가 시키는 일만 하자 갑자기 전문성을 들먹이며 "팀장이나 돼가지고 이것도 혼자 알아서 못해? 과장이나 돼가지고 이 정도도 못해? 대리나 돼가지고…"라고 했다. 여러 가지 모순적인 일이 생길 수밖에 없었다.

한 교육 관련 기업의 대표는 우리 회사 이름으로 책이 나왔으면 좋겠다며 출판팀 구성을 지시했다. 출판은 돈이 안 된다며 대표에게 미리 이야기했지만 대표는 상관없다 했다(책을 내는 건 폼이 나는 일이니까). 하지만 결국 회사에서는 몇 년 안 가 수익성이 좋지 않다며 출판팀을 해체했다. 팀을 만든 것도 해체하는 것도 모두 경영진에서 결정했다. 팀원은 그 어디에도 권한이 없었지만 책임을 져야 했다. 팀 해체가 결정 나자 본부장이 팀원을 불러 모았다.

"팀 해체가 결정 났어. 나도 안타까워. 그럼 너희들은 어떻게 하면 좋을까? 회사에서도 대안이 있으면 계속 같이 일하면 좋겠다고 해. 대안이 있으면 이야기해 봐라."

회사에서 일방적으로 팀 해체를 결정했으면서, 일하던 팀원이 어느 다른 부서에서 일하면 좋을지 다른 업무는 뭐가 있을지 먼저 제안하는 게 아니라 해체당하는 팀원에게 그 대안마저 떠넘겼다. 아무 권한도 없던 직장인에게 갑자기 "넌 원래 권한이 있었어. 그러니 앞으로 어떻게 하면 좋을지 네가 결정해야 해"라고 말하는 듯했다. 결국 팀원들은 권고사직을 당했다.

출판사 편집자는 책을 만든다. 책마다 담당인 편집자를 책임편집자라고 하는데 책임편집자가 처음부터 끝까지 기획, 편집, 교정, 디자인 선정, 제목 선정 등등을 진행한다. 하지만 그 모든 과정에서 혼자 결정하는 일은 없다. 상급자와의 회의에서, 중소 출판사의 경우는 보통 사장이 참여해서 최종 결정을 한다. 하지만 연봉 협상을 할 때가 오면 사장은 실적을 걸고 넘어진다.

"올해 네가 담당했던 책이 이 정도밖에 안 팔렸다. 그런데 연봉 올려달라고 할 수 있겠어?"

담당자가 모든 권한을 행사한 것도 아닌데 책임을 져야 한다. 책임편집자란 말은 책임지는 편집자란 의미가 되어버렸다. 회사는 직장인에게 프로페셔널을 강조하면서 프로로 대접해 주지 않았다. 그런데 또 연봉 협상 자리에서는 프로가 되어야 했다.

리더란 무엇인가

최근 몇십 년 동안 조직에서 '리더의 중요성'만큼 강조된 게 있을까 싶다. 이미 리더의 자리에 올랐다 하는 유명 기업의 대표, 정부에서 높은 보직 좀 맡았다는 사람, 심지어 일반 대중과 직장인도 리더가 중요하다 외친다. 리더의 희생정신이 중요하다, 리더는 포용할 줄 알아야 한다, 리더는 실패를 두려워하지 않는다, 리더는 미래를 지향한다, 리더는, 리더는, 정말 많은 말이 거론됐다. 저 많은 말을 다 지키는 리더가 가능하기나 한 걸까?

그런데 우리 사회에서 리더란 누구인가? 돈 많이 번 사람, 대표나 한자리 꿰찬 사람, 결국 권력을 가진 사람이다. 소위 잘나가지 않는 사람이 리더라고 불리는 일이 없다.

회사의 리더는 대표지만 회사 구성원 모두에게 리더십이 요구되면서 수많은 리더를 양산하고 말았다. 본부장급, 팀장급뿐만 아니라 일개 팀원도 리더십이란 덕목을 갖추고 있어야 했다. 자신이 리더의 위치에 올랐다 생각하는 상급자는 조그마한 권한이라도 주어지면 뭐라도 된 것처럼 굴었다. 업무를 유연하게 하기 위해 팀장에게는 팀원 업무에 대한 최종 컨펌, 큰 비용이 발생하지 않는 일은 상급자 결재 없이 진행할 권한이 주어졌다. 그런데 많은 팀장이 권력을 부여받은 것으로 착각했다. 팀원과 함께 일하기보다는 업무를 지시하는 데만 몰두했다. 행여나 팀원이 지시한 업무가 불합리하다고 말할 때는 "까라면, 까야지"라고 했다.

팀장은 지시한 업무의 일정을 압박했다. 팀원은 압박에 몸을 불사르며 일을 했다. 팀장이 컨펌할 업무는 쌓여만 가는데 팀장은 결재에 대한 권한을 놓지 않는다. 권한을 놓으면 리더라는 나의 계급이 사라질 것만 같기 때문이다.

한 출판사의 편집장은 일정이 급한 원고가 많자 팀원들에게 "나도 내가 컨펌할 원고 다 보고 올 테니까 너희들도 주말에 이거 다 보고 와서 월요일에 마무리 짓도록 하자"고 했다. 팀원들은 어쩔 수 없이 주말 동안 쉬지 않고 맡은 원고를 다 교정봤지만 편집장은 일이 있었다며, 하나도 보지 못하고 일정을 그때서야 연기했다. 하지만 편집장은 이 일에 대한 책임을 지지 않았다. 각 원고에 대한 책임은 책임편집자에게 있으니까.

리더는 그룹을 잘 이끌어야 한다는 말에 매몰된 팀장급, 본부장급은 실무에는 진즉 손을 떼고 구성원을 가르치려만 하거나 평가하려만 들었다. 겨우 그것만으로도 나는 일이 너무 많다고, 좋은 이야기를 많이 해주는 나는 좋은 리더라고 생각했다. 내가 볼 때 리더는 말만 많고 일하지 않는 사람이었다.

리더십의 덕목에서 중요한 것이 책임감이다. 이 책임감에 과도하게 빠진 직장인이 많았다. 한 직장인은 회사에서 권고사직을 당했는데 책임감이 너무 강해 퇴사하는 날까지 일을 손에서 놓지 않았다. 그런 상황이라면 태업해도 누가 뭐라고 하지 않을 텐데도 마치 회사 대표와 가족이라도 되는 것처럼 열심히 일했다.

회사에서 자꾸
창의적으로 일하래

여러분이 바로
회사의 주인입니다!

B기업의 신년회. 회장님 연설이 있었다.

"우리 회사의 주인은 누구일까요? 저는 아닙니다. 바로 직원

여러분이 우리 회사의 주인입니다."

연회장에서는 갈채가 쏟아졌다.

얼마 뒤, 서 팀장이 손 대리를 회의실로 불렀다.

"손 대리, 요즘 왜 그래? 일에 집중도 못하는 거 같고 말이

야. 무슨 일 있어?"

"아니요. 죄송합니다."

"지난번 회장님 신년사 들었지? 과장, 대리, 사원 할 것 없이 다 주인 의식을 갖고 일하라잖아. 손 대리는 어때? 우리 회사 주인이라고 생각해? 내가 볼 땐 손 대리는 애사심도 없어 보이고 뭔가 정신을 놓고 있는 거 같아. 회사에 불평 많다는 소리도 들리고 말이야. 어디 갈 데는 있어?"

"아니요. 죄송합니다."

"회사가 그냥 월급 주는 데가 아냐. 우린 다 개인 사업자라 생각하고 일해야 해. 손 대리가 치킨집 사장이라고 생각해 봐. 손 대리가 치킨집 주인인데, 열심히 일하지 않을 수 있겠어? 그러다 장사가 안 돼서 치킨집이 망하면 손 대리도 망하는 거야."

어느 기업 대표의 신년사나 취임사를 보면 자주 등장하는 말이 있다. '회사의 주인이라고 생각하고 일하라, 책임 의식을 갖고 일하라(책임 경영을 하라), 현실에 안주하지 말고 변화해라'와 같은 말이다(10년 전이나 지금이나 달라지지 않는다).

직장인 입장에서 보면 이 말은 참으로 불합리하다. 내가 회사에서 소유한 것이라곤 하나도 없고 회사가 잘나가면 내가 잘릴 확률이 줄어들 뿐인데(이도 정확한 것은 아니다. 회사가 잘나가도 마음에 안 드는 직원을 자르는 경우는 많으니까) 주인처럼 일해야 한다니. 게다가 회사가 급성장해도 내 연봉은 고만고만하게 오르는데도 책임져야 할 일은 산더미라니. 실패에 대한 책임도 내가 져야 하는데 변화는 또 어떻게 할 것인가.

하지만 회사에서는 직원이 모두 주인 의식과 책임 의식을 갖길 원했다. 다만 주인이 되라고 해서 주인이 될 직원은 없으니(되라고 해서 되는 경우도 많지만) 직원에게 자율적으로 일할 수 있는 환경을 마련해 주겠다 했다. 출퇴근 시간도 직원이 자유롭게 정할 수 있게 하거나, 휴가를 아무 때나 쓸 수 있게 하거나, 출근해서도 정해진 자리 없이 자유롭게 자리를 지정해서 일할 수 있게 하거나, 업무 시간에도 자유롭게 강의를 듣고 문화생활을 즐길 수 있게 했다. 그에 따라 문화비, 교육비 등도 지원하면서. 물론 말로만 자율적이다라고 하는 회사가 더 많다.

그럼 직장인은 정말 자유롭게 일할 수 있게 되었을까? 그렇다. 직장인은 자율적으로 시키는 대로 열심히 일하는 직원이 되었다. 직장인이 과거에는 타율적으로 회사의 객체가 되었다면 지금은 자율적으로 회사의 객체가 되었다.

직장인은 스스로 공부하고 스펙도 쌓으면서 회사가 좋아할 만한 인재로 거듭났다. 내가 지금 하는 일을 스스로 선택했다고 착각하기에 기획한 일이 잘 안 되면 책임질 줄도 알았다. 직장인은 월급 받는 개인 사업자였다.

한 기업은 경영진에서 사업 확장을 위해 중국 진출을 추진했다. 사업 계획은 긍정적이었다. 직원을 새로 뽑거나 기존 직원의 보직 변경으로 실무자를 확보했다. 그리고 4~5년 후 사업은 이익이 나지 않고 손실만 계속됐다. 경영진은 사업 철회로 방향을 전환하며 실무자들에게 "쟤들이 일을 참 못해. 우리가 목표로 세운 걸 제대로 하지도 못하잖아"라고 했다. 실무자들은 사업에 대한 책임을 지고 퇴사했다. 그들은 개인 사업자였기 때문이다.

한 기업의 백 대리는 질병이 생겨 간단한 수술을 받아야 했다. 그래서 회사에 무급 휴가 한 달을 요청했다. 회사는 한 달의 휴가를 받아들였지만 백 대리는 인사 담당자에게 휴가로 한 달을 빠지기 때문에 인사 평가에서 불이익을 당할 수 있다는 이야기를 들어야 했다. 이 이야기를 들으면 많은 직장인은 당연하고 어쩔 수 없는 일이라고 말한다. 하지만 생각해 보라. 우리는 하루의 대부분을 회사에서 보낸다. 집에서 보내는 시간보다 회사를 위해 보내는 시간이 더 많은데도 회사는 직장인의 질병에 대해서 아무런 책임도 지지 않는 게 맞을까?

안타깝게도 백 대리는 자신의 질병에 대한 책임을 오로지 혼자 감당해야 했다. 백 대리는 회사의 주인이자 개인 사업자이기 때문에 건강 관리를 못한 책임을 스스로 져야 했다.

회사에서 권한과 책임을 강조해 온 것은 결국 직장인이 주인 의식을 갖길 원했기 때문이다. 과거 직장인에게 권한이 주어지지 않았을 때는 적어도 직장인 개인에게 모든 책임을 지우지는 않았다. 하지만 (표면상으로) 직장인에게 권한이 주어지자 개인이 책임져야 할 일이 많아졌다. 스스로 개인 사업자라 생각하고 회사에서 책임을 묻지 않아도 알아서 책임을 지는 직장인이 많았다.

보통 출판사에서는 책을 제작하는 과정에서 사고가 나 인쇄한 책을 모두 폐기하더라도 담당자 개인에게 모든 책임을 묻지 않았다. 하지만 최근 들어 이런 사고가 나면 회사에서 담당자에게

손해 배상을 청구하는 일도 있다고 들었다. 마치 회사는 본사이고 직장인은 지점장이 되어가고 있는 모양새다.

강의 중독자와
성과주의

2020년 3월 9일 월요일

 복 팀장

이번 주 토요일에 ××센터에서 하는 김역량의 강연이 있는데 참석하실 분 있나요?

강연 제목은 변화하는 시대 어떻게 역량을 강화할 것인가 인데 작년에 이 강연자 특강을 들었는데 아주 좋았습니다

특히 올해 입사한 위 사원은 한번도 들어보지 않았으니 꼭 참여하면 좋겠습니다

오전 9:05

석 과장

저는 이번 주말에 어머니 생신이라서 참석이 어려울 것 같습니다 죄송합니다

오전 9:32

복 팀장

네 오전 9:33

석 과장

죄송합니다 오전 9:35

복 팀장

다른 두 분은 특별한 약속이 없으면 함께 참여하면 좋을 거 같은데 불참자 있나요?

오전 9:36

진 대리

참여하겠습니다~ 오전 9:44

오전 9:45 저도 참여하겠습니다

복 팀장

네 그럼 총무팀에 위 사원이 교육비 청구해주세요

오전 9:45

오전 9:52 넵

───────── 2020년 3월 14일 토요일 ─────────

복 팀장

오늘 강연 어땠나요? 저는 참 지금 시기에 적절한 이야기고 좋았습니다

1
오후 6:27

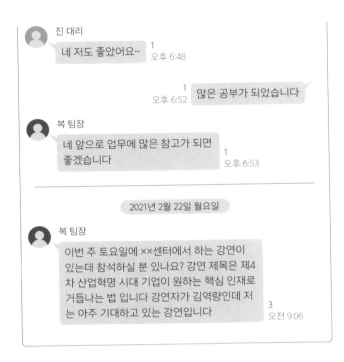

진 대리
네 저도 좋았어요~
오후 6:48 · 1

오후 6:52 · 1
많은 공부가 되었습니다

복 팀장
네 앞으로 업무에 많은 참고가 되면
좋겠습니다
오후 6:53 · 1

2021년 2월 22일 월요일

복 팀장
이번 주 토요일에 ××센터에서 하는 강연이
있는데 참석하실 분 있나요? 강연 제목은 제4
차 산업혁명 시대 기업이 원하는 핵심 인재로
거듭나는 법 입니다 강연자가 김역량인데 저
는 아주 기대하고 있는 강연입니다
오전 9:06 · 3

언제부턴가 온라인에서도 오프라인에서도 직장인, 학부모 등 어른들을 위한 강연이 늘어났다. 회사에서 유명 강사를 초청해 진행하거나 강연 전문 업체에서 수강생을 모집하거나 교육 기관, 도서관, 스터디 모임에서도 자리를 마련해 강의, 특강 등을 진행한다. 이렇게 강의가 많은데도 강의를 듣는 사람은 늘 있었다.

내가 다녔던 회사에서는 1년에 한 번씩 학부모를 대상으로 강연을 크게 열었는데 4,000개가 넘는 자리가 늘 꽉 찼다. 그런데 강연 주제는 거의 매해 똑같았다. '4차 산업혁명 시대와 우리 아이의 미래', '4차 산업혁명과 융합 교육', '융합 지능과 한국 교육', '미래의 직업과 융합 교육' 등 제목만 조금씩 바뀔 뿐 내용은 별반 달라지지 않았다. 이런 강연에 처음 오는 학부모도 있었지만 매년 반복적으로 오는 학부모도 있었다. 작년, 재작년에 들었던 내용을 또 듣는 게 의미가 있을까?

직장인 중에는 강의 중독자가 있다. 강의 중독자들은 항상 강의에 대한 정보를 얻고 매번 강의를 찾아다닌다. 강연장이 좀 멀더라도 주말이나 개인 휴가라도 상관없이 강연장을 찾는다. 그리고 그 많은 강의를 들으면서 좀처럼 실망하는 법이 없다. 강의를 듣고 SNS 등에 내용을 올리며 이 강의는 이래서 좋고, 저 강의는 저래서 좋고, '너무 좋았다!'는 말을 남발한다. 주변에도 강의 중독자가 좀 있었는데 업계에서 사람들이 좀 간다 하는 강연장에 늘 자리를 차지하고 있었다. 게다가 자비를 들여서까지 전에 들었던 강의를 또 듣는 모습에는 경악을 금치 못했다.

만약 강의 중독자가 내 팀장이나 본부장으로 온다면? 골치 아픈 일이 벌어진다. 어디선가 들은 강의 정보 링크를 단체 대화방에 매일같이 올리며 강의 듣기를 독려한다. 말이 독려지 직장인에게 이와 같은 압박은 없다.

강의 중독자에게 강의는 자기계발의 한가지다(어쩌면 자기계발 중독자라 할 수도 있겠다). 강의를 통해 자기계발을 해야 하므로 늘 강의는 무언가를 얻는 것이어야 한다. 하나의 강의 내용을 제대로 습득하지 못하면서도 양적으로 승부를 보려고 한다. 그리고 강의를 들으면 들을수록 자신이 성장하고 있고 조직에서 꼭 필요한 사람이 되어가고 있다고 생각한다.

기업의 인재와 성과주의

서구의 경영 담론이 우리나라 기업에 흡수되면서 기업은 직장인에게 자유롭게 일하기를 권했다. 다만 여기서 자유롭게 일한다는 건 "자율을 줄 테니 너 스스로 공부하고 일하며 성과를 만들어내

라. 성과는 인사 고과에 반영된다"는 말이었다.

기업이 성과를 중심으로 직장인을 평가하기 시작하자 직장인의 경쟁은 더욱 치열해졌다. 단지 성과로만 경쟁한 것은 아니다. 누가 더 강의를 많이 듣는지 누가 더 책을 많이 읽는지 누가 더 외국어 공부를 많이 하는지, 자기계발 경쟁도 일어났다. 이는 회사에서 업무 성과뿐만 아니라 개인생활까지 간섭했기 때문이다.

회사에서는 성과를 수치화한 정량 평가뿐만 아니라 정성 평가라는 이름으로 독서량, 외국어 공부 등 개인의 영역까지 평가하고 인사 고과에 반영했다. 이에 따라 자연스럽게 직장인은 회사 내에 스터디 그룹까지 만들면서 업무 외 시간에 자기계발에 목을 맸다.

어느새 성과주의에 물든 직장인은 언제나 긍정적인 마인드로 '오늘은 무얼 배울까' 생각하며 개인 성과를 만들어갔다. 새벽에는 영어 학원을 다니고 밤에 퇴근해서는 온라인 강의를 들으며 열심히 일하는(여기서는 배움도 일) 자신에게 만족했다. 스스로를 착취하고 있지만 전혀 그런 생각은 하지 않았다.

○○사에서 역량 있는 인재를 모십니다!

구인 공고를 보다 보면 '역량 있는 인재'를 찾는 기업을 많이 찾아볼 수 있다. 아니 인재도 대단한데 얼마나 대단한 사람을 찾기에 역량까지 있는 인재를 찾는 걸까? 성과주의가 받아들여지면서 기업은 더불어 인재를 찾게 된다. 거기에 그치지 않고 본래 회사 잘 다니고 있던 직원도 인재로 거듭나기를 바란다. '인적 자원이 기업의 자산이다'라는 말은 결국 직장인에게 인재가 되기를 강요하는 말이 되었다. 게다가 기업에서 역량 있는 직장인을 찾는다는 말은 결국 직장인의 역량도 평가하겠다는 소리였다.

기업은 직원의 역량 강화를 위해, 혹은 인재로 키우기 위해서 교육 프로그램을 가동했다. 신입이 들어오면 신입 교육을 실시하고 기존 직원에게는 의무적으로 들어야 할 교육의 횟수를 지정하기도 한다. 게다가 교육에 참여하는 게 인사 고과에 반영되는 일도 있어서 직장인은 억지로 회사에서 진행하는 강의를 듣거나 혹은 외부 강의를 찾아다녀야 했다.

교육 프로그램이 없는 작은 기업이라고 해서 크게 다를 건 없다. 회사의 사장이나 선배는 공부하지 않는 후배를 못마땅해했다. "이런 강의는 들어봤냐, 스터디 모임은 하냐, 어학 공부는 안 하냐, 내가 너 때는 공부 참 많이 했다"며 일은 일대로 하고 시간을 쪼개 공부하기를 강권했다.

이제 기업은 월급은 올려주지 않으면서도 직원의 자기계발 지원에는 돈을 아끼지 않는다. 덧붙여 직원에게 개인 역량 강화에 힘쓰라 했다. 회사의 입장에서 만든 '개인 역량'이라는 말은 곧 직장인에게 흡수되었다. 직장인은 회사에서 강요하지 않아도 자발적으로 강의를 찾아 듣고 공부하며 기업에서 원하는 '역량 있는 인재'가 되고자 했다.

독서는 취미가 아니다

강의뿐만 아니라 독서도 자기계발의 하나였다. 직장인에게 독서는 더이상 취미가 될 수 없는 거였다(물론 그전에도 독서를 취미로 갖고 있는 사람은 엄청나게 드물었지만). 문학이든 인문학이든 경제학이든 닥치는 대로 읽고 직장인은 어떤 책을 읽더라도 자기계발화했다. 책에서 지혜를 탐구한 것이 아니라 지식과 정보, 당장에 써먹을 수 있는 기능만을 추구했다. 사실 책에서 무엇을 얻느냐는 중요한 게 아니었다. 얼마나 많은 양의 책을 읽었는지 남들도 보는 책을 읽었는지가 중요할 뿐이었다.

처음 직장인이 자기계발에 목매기 시작한 건 불안 때문이었다. 안정적일 줄만 알았던 회사가 언젠가 잘릴 수 있는 곳이 되었고 경쟁에서 살아남기 위해 스펙을 쌓아야 한다는 압박이 있었다. 적어도 자기계발에 힘쓰다 보면 살아남을 수 있을 거라 생각했다. 그런데 모두가 스펙이 높고 자기계발에 힘써도 안정적인 생활이 불가능하다는 사실을 알게 되자 모든 것을 포기한 듯한 직장인도 나타났다. 회사에 기대감도 없고 딱히 불만도 없고 회사 일에 덤덤하다. 회사와 개인생활을 철저히 분리해 개인생활에 좀더 치중한다. 이런 직장인은 강의 중독자와는 상극을 이루었다. 강의 중독자는 직장인의 개인생활마저 간섭하니까.

내 성격도
평가의 대상이다

송 대리는 연봉 협상(통보)을 하기 위해 인사팀장과 회의실에 들어갔다. 인사팀장은 앞에 둔 서류를 뒤적뒤적하더니 이내 말을 꺼냈다.

"저희도 송 대리님 연봉 많이 올려드리고 싶은데 평가가 좀 그래서 얼마 인상 못할 거 같네요."

"네? 올해 제 실적이 나쁘지 않은 걸로 알고 있는데요…."

"실적이 괜찮긴 한데요, 정량 평가 부분은 A등급이긴 한데

정성 평가 부분이 D등급이라서…."

송 대리는 인사팀장에게 연봉을 통보받고 억울한 마음에 안 팀장에게 면담을 요청했다. 송 대리는 KPI에서 팀장 평가가 낮은 이유를 물었다.

"팀장님, 저 솔직히 제가 왜 이런 평가를 받는지 잘 모르 겠습니다."

"아, 뭐 그거 때문에 면담씩이나…. 난 송 대리가 왜 불만인 지를 잘 모르겠는데 잘 생각해 봐. 협업이라는 게 혼자만 잘 났다고 마음대로 하는 게 아니잖아. 팀원도 있고 팀장도 있 고 같이 잘 일을 해야 하는 건데, 송 대리는 다른 사람하고 대화도 잘 안 하고 말이야. 단독 플레이를 하고 있잖아. 그리 고 송 대리가 언제 회식 자리에 끝까지 남은 적 있어? 이 일 저 일 핑계로 참석 안 하는 일이 많고 말이야. 지난번엔 이사 님이 우리 팀 사준다고 불렀을 때도 금방 사라졌잖아. 또 뭐 개인 역량 부분도 생각해 봐. 전에 팀 전체에서 외부 강의 듣 기로 했었는데 그때도 전에 들었던 거라며 빠졌잖아. 정말 들어본 거 맞아? 근데 회사생활을 그렇게 하나? 들어봤어도 시간이 흘렀으면 내용이 바뀌었을 수도 있고 공부하는 사람

자세가 안 되었잖아. 나도 최대한 좋게 보려고 했어. 근데 평가를 객관적으로 할 수밖에 없잖아."

한때 피터 드러커의 책이 직장인 필수 교양서로 읽히던 때가 있었다. 회사의 경영자도, 이미 한자리 차지하고 있던 선배도 후배들에게 피터 드러커의 책을 추천했다. 더불어 미국의 유명한 경영학자나 마케팅 전문가의 책도 경영학의 고전이라는 이름으로 직장인에게 많이 읽혔다.

지금이야 너무 오래된 책이고 유행도 지나 피터 드러커를 모르는 사람이 많지만, 많은 기업에서 당시 미국의 경영 담론을 흡수했기 때문에 여전히 우리에게 영향을 끼치고 있다. 지금도 직장인을 괴롭히고 있는 '기업가 정신, 자기 경영, 주인 의식'과 같은 언어들이 쓰인 것도 그때부터다.

산업 혁명 이후 기업이 거대화되고 세분화되면서 새로운 경영 관리가 필요하다고 생각했던 피터 드러커는 'MBO(목표관리법)'라는 경영 방법을 제시했다(무려 1950년대의 일이다). 딱히 경영 방법에 대한 이론이 없던 미국의 기업은 곧 이 방법을 도입했고, 그로부터 30~40년이 지나 우리나라에서도 아주 새로운 기법을 만난 것처럼 이곳저곳에서 받아들이기 시작했다. 문제는 MBO가 피터 드러커가 주장했다시피 직장인이 '경영권은 없지만 경영자'여야 했기 때문에 '직장인 스스로 업무 목표를 설정해(물론 상급자와 상의하에) 업무를 수행하고 그 결과를 평가하는 방법'이었다는 거다.

직장인은 경영자여야 했으니 가만히 있어도 달성할 수 있는 목표를 설정할 수 없고, 상급자가 감시하니 아주 그럴싸한 목표를 세워야 했다. 그렇게 정한 목표는 막상 실현하기가 어려워서 직장인은 매일같이 스스로 일에 매달렸다. 평가 시즌에 다다라 목표를 달성하지 못하면 스스로 낮은 평가를 매겼다. 게다가 목표란 것은 모두 수치화할 수 있는 성과여야 해서 직장인 모두가 성과에만 매달렸다.

하지만 이 세상 모든 직장인은 안다. 하루의 대부분을 쏟아붓는 일 중 수치화할 수 있는 게 얼마 없다는 것을. 잡무는 어떨까? 하루 종일, 혹은 일주일 내내 잡무만 하다가 시간을 보낸 적 없는가? 나는 많다. 그것도 아주 많이. 하루 종일 택배 작업을 하기도 하고, 짐을 나르기도 하고, 뭐 이거 도와달라, 저거 도와달라, 팀장이 이거 좀 엑셀로 정리해라, 여기여기 메일 좀 보내라, 회사 SNS 관리도 해라, 커뮤니티도 관리해라, 여기저기 댓글 좀 달아라, 뭐 사실 잡무 아닌 내 본업이 무엇인가 고민할 정도다.

직장인이 목표와 성과에 집착하기 시작하면서 여러 부작용도 나왔다. 경쟁심에 불탄 직장인이 수치화할 수 있는 일에만 몰두했다는 건 티 나는 일만 했다는 소리다. 자신이 해야 할 여러 티 나지 않는 일은 잡무만 전담하는 직원 몇몇을 만들어 떠넘겼다. 그리고 자신과 다른 세계에 있는 직장인으로 취급했다.

시간이 흘러 MBO 대신 BSC(균형성과평가), KPI(핵심성과지표), OKR(목표 및 핵심결과 지표) 등 다양한 조직 관리 방식이 등장했지만 그 본질은 바뀌지 않았다. 아니 외려 성과주의에 더해 개인 역량까지 평가하는 방법이 나와 직장인은 더 괴로울 수밖에 없었다.

업무 성과 목표 외에도 '협업 기여 목표'나 '개인 성장 목표'와 같은 말이 등장했다. 협업에는 대인 관계라든지 갈등 관리라든지 소통 능력이라든지 개인마다 다를 법한 성향이 항목으로 들어갔다(대인 관계 역량이나 협업 역량이나 팀워크 역량 같은 말도 있던데, 대체 어디까지 역량을 붙이면 멋있다고 생각하는지 모르겠다). 말이 관계, 관리, 능력이지 결국 내가 낯을 많이 가리고 내성적인 성격에다 말을 조심조심 하는 편이라면 협업 평가에서 낮은 등급이 될 수밖에 없다.

게다가 협업 평가의 주체가 내 상급자인 팀장이나 본부장이 되는지라 문제가 생긴다. 가령 팀장이 평가자인 경우를 생각해 보자. 내가 성격도 활발하고 주변 누구와도 적을 만들지 않고 친하게 지내고 팀원과도 함께 일하는 데 별 문제가 없고 서로 격려하고 도와주며 일도 열심히 하지만, 단 하나 팀장과는 사이가 좋지 않다. 이럴 때 과연 좋은 평가를 받을 수 있을까?

개인 역량 부분은 또 어떨까? 개인 성장 목표, 개인 역량 개발과 같은 말로 외국어는 얼마나 잘하는지 해외 유학 경험은 있는지 책은 얼마나 읽는지 건강 관리란 이름의 운동은 얼마나 하는지 참 다양하게 포진했다. 결국 개인 역량이란 건 자기계발의 다른 이름이었는데 직장인은 이제 티 나지 않는 업무 성과를 수치화해 실적으로 우겨 넣는 것에 그치지 않고 자기계발로 불릴 만한 것에 전부 숫자를 매기고 등급을 나누기 시작했다.

가령 독서를 개인 역량 목표로 잡았다면 1년에 몇 권 읽는지로 등급을 나눴다.

목표: 12권, S등급(20권 이상), A등급(12~20권), B등급(8~11권), C등급(5~7권), D등급(5권 미만)

책마다 읽는 데 걸리는 시간이 다르고 책은 많이 읽는 것보다 어떻게 읽느냐가 중요할 텐데 그런 건 상관없었다. 단지 몇 권을 읽는지가 중요했고 많이 읽기만 하면 뛰어난 역량을 가진 사람으로 평가받을 수 있었다. 그러다 보니 아무리 책을 읽어도 책을 이해 못하는 직장인이 늘어갔다.

나의
성실성 점수는?

채 사원의 회사는 직원 모두가 매일같이 야근을 했다. 심지어 마감 때가 되면 밤을 새고 근처 사우나에서 잠시 눈을 붙이고 나올 때도 많았다. 대신 직원들의 지각도 잦았다. 채 사원은 회사가 야근이 많은 대신 지각은 별로 신경 쓰지 않는구나 생각했다. 어차피 야근할 거 천천히 출근하자 생각했다. 채 사원도 지각이 잦았다. 어느 날, 채 사원은 권고사직을 당했다. 이유는 근무 태만이었다.

현 상무는 회사 창립 초기 멤버였다. 아직 직원이 스무 명 남 짓 조그만 회사였지만 회사에 애정이 많았다. 매일 누구보다 일찍 출근해 회사 주변을 청소했다. 그리고 출근하는 직원을 반갑게 맞이했다. 현 상무는 실무에서 손을 떼고 거래처 관리와 직원 관리에만 전념했다. 어느 날, 현 상무는 권고사직을 당했다. 이유는 근무 태만이었다.

아버지는 항상 말씀하셨다. 성실해야 한다. 너처럼 부지런하지 않으면 나중에 거지 된다. 하지만 아버지 말씀과는 달리 나는 아주 성실하게 살아왔다고 생각한다. 물론 가끔 만사가 귀찮아 다 팽개치고 노는 날도 있지만 인생 전반으로 성실하게 살았다는 거다. 지금껏 한 번도 쉬지 않고 꾸준히 일했으면, 그것만으로도 너무 성실한 거 아닌가?

난 성실하다 생각하는데 누군가는 내가 성실하지 않다고 한다. 한번은 회사에서 할 일을 마치고 하릴없이 시간을 보내고 있었는데, 다른 팀원이 오더니 "요즘 한가하신가 봐요?"라고 했다. 또 어떤 때는 급한 일도 없고 해서 매일같이 칼퇴근을 했더니 다른 동료로부터 비슷한 소리를 들어야 했다. 내가 해야 할 일을 미루지도 않고 집중해서 빨리 끝냈더니 성실하지 않다는 듯한 이야기를 듣는 거다. 회사에서 성실한 사람으로 보이려면 할 일을 끝마쳐도 새로운 일을 만들어서 해야 하고 하루 종일 잡담과 인터넷 서핑으로 시간을 보내도 야근만 하면 되는 거였다.

그러나 항상 새로운 일을 만들어오는 직장인이 얼마나 쓸데없는 일에 시간을 소비하는지 야근이 많은 회사의 직장인이 얼마나 근무 시간 집중도가 떨어지는지, 직장인은 잘 알고 있다.

미국의 경영 담론이 기업에 흡수되고 성과, 역량 따위를 수치화하더니 언젠가부터 조직에서 직장인의 성실성도 수치화하기 시작했다. 누군가에게는 성실한 사람일 수도 있고 누군가에게는 불성실한 사람일 수도 있는 주관적인 영역을 기업에서 객관화하려는 시도였다. 절대 객관화할 수 없는 영역도 기업은 '수치'로 적용만 하면 과학적이고 객관적이다라고 했다. 이런 기업의 논리 때문에 직장인은 기업에 더욱 통제될 수밖에 없었다.

기업에서 모든 걸 수치화해서 평가하기 시작한 것에 맞물려 출퇴근기도 등장했다. 직장인이 출퇴근기를 통해 일하는 시간 기록을 남기면서 회사는 직장인의 시간을 통제할 수 있었다. 더불어 직장인의 성실성이 측량되고 이 기록이 직장인 능력 중 하나가 되었다. 수치의 저주였다.

출퇴근기에 찍힌 숫자처럼 객관적인 측정이라는 방식은 결국 기업의 입맛에 맞게 판단되었다. 내가 다녔던 회사의 HR(인사) 시스템에 들어가 보면 출퇴근 시간이 전부 기록되어 있었다. 그런데 출근 시간의 경우 '8:50 정상 출근', '9:01 지각'이라고 표시되었지만 퇴근 시간의 경우는 '17:59 조퇴', '18:01 퇴근', '19:15 퇴근'이라고 표시되었다. 출근은 1분만 늦어도 '지각'이지만 퇴근은 칼퇴근을 하든 한 시간 넘게 추가 근무를 하든 '야근, 초과 근무'라는 말도 없이 '퇴근'이라고 되어 있을 뿐이었다. 이 기록을 보면 직장인은 무슨 생각이 들까? 무언의 압박이 느껴지지 않을까? '야근은 군소리 없이 해야 하지만 출근은 절대 늦지 마라'라는 말처럼 보이지 않을까? 실제로 야근을 아무리 많이 하더라도 지각이 잦은 직장인은 상급자에게 불려 근태 관리 주의하라는 소리를 들어야 했다.

이렇게 회사의 입장에서 측량되는 기록으로 인해 직장인만 피해를 입었다. 특히 성실성이 회사에서 이용해 먹기 쉬운 '근태'라는 이름으로 많이 쓰였다. 채 사원의 본부장은 일하는 방식이 합리적이지 않다 말하고 지시도 잘 따르지 않는 채 사원이 마음에 들지 않았다. 하지만 마음에 들지 않다는 이유로 자를 순 없으니 '근태 불량'을 걸고 넘어졌다. 본부장이 채 사원을 자르는 데는 일한 시간, 야근 횟수와 같은 기록은 필요하지 않았다. 오로지 지각이라고 찍힌 기록만 있으면 충분했다.

현 상무의 대표도 현 상무가 마음에 들지 않았다. 회사 창립 초기부터 함께해 온 동료였지만 직원들에게 잔소리도 안 하는 것 같고 연봉도 높아 월급도 많이 줘야 하니 못마땅했다. 현 상무를 자르는 데 이용된 것도 '근태 불량'이었다. 대표가 현 상무를 자르는 데는 출퇴근 시간, 근무 햇수와 같은 기록은 필요치 않았다. 오로지 성과 기록, 실무 기록만 있으면 충분했다.

회사는 직원이 마음에 들지 않을 때 성실성을 걸고 넘어졌다. 누차 이야기하다시피 객관화가 불가능한 영역이 측량되고 객관적인 자료로 둔갑할 때 회사는 하고 싶은 대로 자료를 활용할 수 있다. 현 상무는 누가 봐도 성실한 직장인이었는데 권고 사직 이유가 근무 태만이었다는 게 너무 충격적이었다. 하지만 그런 당

혹스러운 일이 가능했던 건 직원의 성실성 점수를 매기는 사람이
대표 한 명이었기 때문이다.

능력의 측량화와
수치의 저주

Z기업의 인성 면접 날.

면접관 책상 위에는 세 사람의 입사지원서와 면접평가 표가 놓여 있었다. 면접평가표는 각 항목이 20점 배점에 '20~17(S), 16~13(A), 12~9(B), 8~5(C), 4~1(D)'로 등급이 나뉘어 있었다. 노 지원자, 심 지원자, 곽 지원자가 면접실에 들어섰다. 노 지원자는 청바지에 티를 입고 있었고 나머지 둘은 정장 차림이었다.

면접관 : 면접에 청바지를 입고 왔네요? 특별한 이유라도 있나요?

노 지원자 : Z기업의 모토가 '자율과 창의'인 것으로 알고 있습니다. 실제로 직원들도 자유로운 분위기 속에 복장에 구애받지 않고 일하는 것으로 알고 있습니다. 저도 회사의 모토에 맞게 복장을 하고 왔습니다.

(면접관은 노 지원자의 면접평가표 '품행 및 태도' 부분에 5점을 부여했다.)

면접관 : 심 지원자는 만약 고객을 응대하고 있는데 갑자기 고객이 스킨십을 한다면 어떻게 할 건가요?

심 지원자 : 고객에게 지금 행동이 문제가 있음을 인지시키고, 바로 사과하지 않는다면 경찰에 신고 조치하도록 하겠습니다.

(면접관은 심 지원자의 면접평가표 '책임감' 부분에 7점을, '사회성' 부분에 10점을 부여했다.)

면접관 : 곽 지원자와 노 지원자는 학점이 상당히 좋은데, 공부만 한 건가요?

곽 지원자 : 아닙니다. 공부는 물론 틈틈이 했지만 여가 시간

도 많이 활용해 주말에는 자전거 동호회 활동을 했습니다.

노 지원자 : 저도 공부만 한 것은 아닙니다. 친구들과 게임을 자주 했는데 한번은 친구와 함께 국내 대회에 출전해서 준우승한 경험도 있습니다.

(면접관은 곽 지원자의 면접평가표 '협동성' 부분에 18점을, 노 지원자의 면접평가표 '협동성' 부분에 7점을 부여했다.)

면접관 : 심 지원자의 인성 검사 점수를 보면, 성실성 부분이 40점으로 아주 낮게 나왔어요. 본인도 이 점수를 인정하시나요?

심 지원자 : 저는 지금껏 제가 성실하지 않다고 생각해 본 적이 한 번도 없습니다. 대학에 들어간 이후부터 부모님께 등록금을 절반 정도만 지원받고, 나머지 등록금과 생활비는 전부 제가 아르바이트를 하면서 충당했습니다. 비록 공부를 아주 잘하지는 않았지만 중간 정도는 유지했고 학업과 일을 병행하며 늘 성실해 왔다고 자부합니다.

(면접관은 심 지원자의 면접평가표 '성실성' 부분에 8점을, '진실성' 부분에 10점을 부여했다.)

직장인 모두가 자율적으로 일하는 시대가 왔다(그래야 창의적인 결과가 나온다니까). 하지만 직장인을 가만히 놔둘 리 없는 기업은 직원 관리를 위해 평가 시스템을 만들었다. 그것도 아주 객관적이고 과학적인.

과거의 공장식 기업이라면 직원이 하루에 몇 개를 만드는지로 평가하면 쉬운 일일 테지만 지금의 거대하고 다변화한 기업에서는 그게 불가능했다. 성과라는 이름으로 여러 지표를 만들어 목표 달성률에 맞게 등급을 매겼다. 성과만으로 평가하기에는 직원 관리가 제대로 안 된다고 생각해서인지 거기에 더해 역량이라는 이름으로 직원 각자의 능력도 측량하기 시작했다. 협동심, 창의력, 책임감, 성실성, 전문성 등 조직에 필요한 여러 가지 항목을 직장인의 능력으로 보고 점수를 매겼다. 직장인은 통제받는 자율 속에서 일해야 했다.

최근에 학교나 사회나 회사나 인성이 중요하다는 이야기가 돌았다. 물론 사람과 사람 사이의 관계에서 인성이 중요한 건 당연하다. 그러나 기업에서 인성을 중요시하며 평가하기 시작하자 인성도 능력이 되었다. 심지어 '인성 면접', '인성 역량'이란 말도 생겼다(나는 인성 역량이라는 말의 뜻을 당최 이해할 수가 없었다. 아무리 곳곳에 역량이라는 말을 갖다 붙인다지만 인성 역량은 말이 안 되는 언어다. 하지만 인성도 능력이 된 마당이니 직장인에게 인성 역량은 자연스러운 단어가 되었다).

기업 인재의 필수 항목으로 인성이 꼽히자 취업 준비생은 인성 검사도 보고 인성 공부도 해야 했다. 면접에서는 어떻게 하면 책임감 있고 성실한 사람처럼 보일지 연구도 했다. 문제는 인성이 시험 공부하듯 공부해서 갖춰지거나 객관적으로 평가할 수 있는 능력(?)이냐는 거다. 박 대리는 우리 회사에서 착한 거로는 1등, 책임감은 3등, 성실성은 5등이라고 할 수 없지만 기업은 기필코 점수를 매겼다. 그래서 취업 준비생은 인성 면접 자리에서 면접관에게 온갖 모욕적인 말을 듣더라도 좀더 인성 100점인 사람으로 보이기 위해 밝은 표정을 지어야 했다.

면접관은 자신들이 만든 평가표가 아주 객관적으로 만들어졌다 말하지만 결국 내 마음에 드냐 안 드냐로 지원자를 평가했다. 내가 좋아하는 인상에, 목소리에, 태도라면 책임감도 성실성도 높은 점수를 줬다.

매해 기업에서 채용 시 가장 중요하게 생각하는 능력에 관한 기사를 볼 때면 실소를 금치 못한다. 항상 1, 2위를 다투는 것이 성실성과 책임감인데, 이는 회사에서 군소리 없이 일하고 일이 밀리면 집에 일거리를 가져가서라도 마무리 짓는 직원을 뽑겠다는 소리다. 아무리 생각해 봐도 그런 능력보다는 전문성이 더 필요하지 않을까? 하지만 전문성이 낄 자리는 없다. 그도 그럴 것이 이런 조사에 응답하는 사람이 대부분 인사 담당자이기 때문이다.

면접 자리에 항상 끼어 있는 인사 담당자를 보면 당혹스러울 때가 많다. 내가 하는 업무에 대한 이해도가 전혀 없이 면접 자리에 앉아서 일에 대한 질문보다는 내가 어떤 사람일지 유추하려는 질문만 쏟아낸다. "전 회사는 왜 관뒀어요? 야근 많은데 괜찮나요? 회사와 집이 꽤 먼데 괜찮나요?" 나도 전에 다녔던 회사에서 옆 팀이 무슨 일을 하는지 잘 몰랐는데 인사 담당자가 큰 회사의 모든 팀의 업무를 제대로 이해할 리가 없다. 그러니 일에 대한 전문성보다는 사람의 성향, 인상, 태도만 보면서 그 사람 전부를 평가하려 든다.

전에 취업 사이트에 있는 인성 검사를 해봤다. 거기서 성실성 점수가 40점이었다. 아니, 난 성실하다니까. 대체 뭘 봐서 내가 성실하지 않다는 거냐! 나보다 겨우 몇 개의 문제가 나를 더 잘 안다는 거냐. 하지만 기업에서는 나를 성실성 40점인 사람으로 평가할 거다. 수치로 사람을 평가하는 게 가장 객관적이라고 생각하고 있으니까(다음엔 회사 맞춤형 인재다라고 생각하고 인성 검사를 다시 해봤다. 그때는 성실성이 80점 나왔다).

회사에서 직장인을 수치로 평가하는 것처럼 직장인도 다른 직장인을 수치로 평가하기 시작했다. 너는 성과 얼마짜리 내는 과장, 너는 연봉 얼마짜리 인간.

그림자 노동

이반 일리치는 가사 노동처럼 우리 사회의 필수적인 노동이지만, 임금을 받지 못하는 노동을 '그림자 노동'이라 했다. 임금 노동은 그림자 노동의 보완 없이는 이루어질 수가 없다. 그러나 가시적인 임금 노동에 비해 비가시적인 그림자 노동은 오랫동안 천대받아 왔다(심지어 노동으로 인정받지도 못했다).

회사에도 그림자 노동이 있다. 앞에 이야기했던 것처럼 전화 받는 일, 회의 자료 준비하는 일, 웹에서 고객 응대하는 일, 회사 내부 청소하는 일, 회의 때 높은 님들 마실 커피 준비하는 일 등 수없이 많다.

사회에서 그림자 노동이 제대로 인정받지 못한 것처럼 회사에서도 대우는 마찬가지다. 그림자 노동은 측량할 수 없을뿐더러 회사에서는 굳이 측량할 생각조차 없기 때문이다. 직장인 어느 누구도 연봉 협상에서 "내가 작년에 택배 보낸 건수가 몇 건이며, 전화 받은 시간이 얼마며, 나른 커피가 몇 잔이다"라고 하지 않는다. 비록 1년 동안 잡무에 쏟은 시간이 훨씬 많지만 연봉 협상 자리에서는 오로지 가시적인 성과 업무에 대해서만 이야기한다. 비가시적인 업무는 회사에서 인정받지 못한다는 걸 뻔히 알고 있기 때문이다.

하지만 그림자 노동 없이 회사의 일은 굴러가지 않는다. 회사는 당연하게도 일로서 인정하지 않으면서 그림자 노동을 직장인에게 요구한다. 또 직장인은 당연히 이 일을 거부하려다 보니 공동체 서사와 개인 서사는 충돌할 수밖에 없다.

결국 작은 조직에서 그림자 노동을 떠맡는 건 하급자(혹은 막내)다. 팀의 막내는 일도 배우고 잡무도 해야 하니 가시적인 성과를 내기가 쉽지 않다. 상급자는 그런 하급자를 보며 측량할 수 있는 성과가 안 보인다며 능력이 부족하다는 소리를 내뱉는다. 큰 조직에서는 그림자 노동만 전담하는 직원을 새로이 뽑았다. 회사는 잡무 혹은 단순한 업무만 하는 직원을 뽑아놓고 저평가했다. 마찬가지로 그림자 노동에서 벗어나 가시적인 성과를 내는 직장인도 새로운 직원을 무시하기 일쑤였다. 그러다 보니 단순 업무를 전담하는 직원이나 신입들이 회사에서 잘릴 위험성이 가장 컸다.

한 회사에서 오랫동안 일했던 직장인도 잘릴 위험성이 컸다. 연봉은 높지만 더 이상 가시적인 성과를 만들어내지도 못하고(과거에 회사에 기여했던 바는 매해 측량되는 능력에 포함되지 않는다) 더 이상 수치화할 수 있는 능력을 만들어내지 못하기 때문이다. 성장하지 못하는 개인은 기업에서 인정해 주지 않았다. 이들은 회사에서 능력이 없다고 평가받을 뿐만 아니라 능력의 측량화에 빠진 다른 직장인의 눈총도 받았다.

직장인 모두가 능력의 측량화라는 기업의 논리를 받아들였다. 그리고 누구도 이 한계에서 벗어나지 못한다. 회사 평가 시스템을 객관적이지 않고 말도 안 되는 거라고 비판하면서도 다른 동료를 평가함에 있어서는 지속적으로 측량의 눈길을 보낸다. 측량할 수 없는 너는 무능하다고.

단순한 것과 우연한 것에 대한 우리의 태도

5년째 한 중소기업에서 일하고 있는 전 대리는 자신의 연봉이 동료들보다 낮다는 사실을 눈치 채고 있었다. 심지어 최근에 들어온 옆 팀의 신입보다도 연봉이 낮다는 사실에 속을 끙끙 앓았다. 그러다 올해도 연봉이 동결되자 사장님과 담판을 지어야겠다고 생각했다.

"사장님, 제가 여기서 5년째 일하고 있는데요, 매번 연봉이 동결되거나 아주 조금 올랐던 거 같아요. 이번엔 좀 올려주실 수 없을까요?"

"전 대리, 자네가 지금 하고 있는 일이 영업부 업무 지원이 잖아. 단순한 업무라서 누구라도 할 수 있는 일이야. 남들보다 연봉이 적게 오르는 건 당연한 거 아니겠어?"

지 대리는 출판계 유명 인사의 특강에 참여했다. 이 유명 인사는 대형 출판사의 마케팅 이사로 있으면서 여러 성공적인 마케팅을 진행한 것으로 알려져 있다. 강의 초반부터, 아니 강의 내내 자신이 진행한 마케팅 성공 사례를 나열했다.

"10년 전쯤에 나왔던 '아무개'라는 책 있죠? 당시 엄청난 베스트셀러였는데 이 책은 어떻게 해서 성공할 수 있었을까요? 저는 제목이 80%였다고 생각해요. 원래 편집자도 대표님도 제목을 '무명인'이라고 정했어요. 근데 제가 그건 절대 안 된다고 했죠. 마케팅 시각으로 그 제목은 안 된다. 그보다는 '아무개'가 낫다. '아무개'로 하자. 결국 제 의견대로 했고, 소위 대박이 났죠."

"광고는 타이밍인 거 다 아시죠? 8년 전인가 '아무개2'가 대박이 났는데 광고 역할이 컸어요. 처음 출간해서 광고 돌렸을 때는 별 반응이 없었어요. 대표님은 이제 광고 그만하자 그랬는데, 제가 아니다, 이럴 때일수록 더 세게 광고를 붙여야 한다고 했어요. 그러자 광고 효과가 서서히 나타나기 시작했고 때마침 방송에서 한 연예인이 이 책을 언급해 줘서 베스트가 됐죠. 그때 회사는 돈 많이 벌고 사옥 하나 샀죠. 그 건물 제가 올려준 거죠. 하하."

출판사에는 출고 담당자가 있다. 매일 아침 이 책 몇 부, 저 책 몇 부, 도매와 서점에서 책을 보내달라고 주문이 들어오는데, 주문 내역에 맞게 물류에서 책을 내보낼 수 있도록 출고 관리를 한다. 게다가 출고뿐만 아니라 각 도매나 서점에서 출고 내역에 맞게 돈을 입금하는지 확인하고 출고와 입금 내역이 있는 장부도 확인한다. 매일같이 반복적으로 이루어지는 이러한 일은 출판사에서 책을 만드는 일만큼 중요하다.

그러나 출고 담당자의 일이 반복적이고 단순하다 하여 회사에서는 저평가되고 연봉도 다른 동료에 비해 낮게 책정되어 있다. 전 대리처럼 경력이 훨씬 짧은 편집자나 영업자나 디자이너보다도 연봉이 낮을뿐더러 연봉이 오르는 속도도 아주 더디다. 사장뿐만 아니라 직원마저도 단순 업무를 한다며 저평가하기 때문이다. 만약 출고 담당자가 휴가라도 가서 다른 직원이 그 업무를 대체할 일이 생기면 대체 업무를 하는 직원은 '내가 이런 일을 왜 해! 이런 일 하려고 회사 왔나!' 하는 표정을 짓곤 한다.

한번은 이런 일도 있었다. 내가 다녔던 중소 출판사는 회사 대표번호로 전화가 오면 각 부서마다 전화벨이 울렸다. 오전 중에는 출고를 담당하는 영업부 막내가 대부분 전화를 끌어당겨 받았는데(오전에는 거래처에서 연락 오는 일이 많다), 오후에는 전화벨이 몇 번 울릴 때까지 당겨 받지 않았더니(오후에는 편집부를 찾는 연락이 많다) 한 편집 팀장이 "왜 이렇게 전화를 안 받아!" 하며 짜증을 냈다. '이건 너의 업무인데 왜 안 해!'라는 태도였다. 딱히 전화 받는 담당자를 정한 규정 같은 건 없었지만 단순 업무 한다고 취급받는 직원은 또 다른 단순 업무도 해야 했던 거다(막내의 이야기로는 전화벨이 겨우 세 번 울렸다 했다).

마찬가지로 제대로 된 마케팅 부서가 없는 출판사의 마케터도 비슷한 취급을 받는다. 자본력이 있는 대형 출판사의 마케터는 자본을 갖고 광고, 홍보 등을 담당하기에 힘이 세지만 자본력이 없는 중소 출판사의 마케터는 SNS나 커뮤니티 관리, 도서 홍보 영상이나 이미지 제작 등 별로 돈 들이지 않는 업무를 진행한다. 이 경우 중소 출판사의 마케터의 일은 대부분 성과를 측량화할 수 없을 때가 많다 보니 단순 업무와 잔심부름하는 직원으로 취급받는다. 편집자는 출간된 도서를 언론사나 유명 인사에게 택배 보내는 일을 마케터에게 부탁하고(부탁이라지만 '이건 너의 일이다'라는 어조로) 홍보물을 제작할 때는 이렇게 만들라 해서 그렇게 만들면 '이런 것도 제대로 못해!'라는 태도를 보였다.

『임계장 이야기』에서 나온 것처럼 아파트 경비원 등의 일을 하는 '임시 계약직 노인장'을 바라보는 우리의 태도는 어떤가. 고되지만 단순한 일을 하기 때문에 저분들은 능력이 없다고 바라보지 않는가. 하지만 단순하고 별다른 능력 없어도 할 수 있다는 그 일을 나는 할 수 있는가. 전문가라고 생각하는 대부분의 직장인이 막상 무시하던 단순 업무를 맡게 되면 제대로 일처리를 못한다는 사실은 참으로 아이러니하다.

성과주의 기업은 성과를 높이기 위해 모든 직장인이 하던 단순 업무를 빼서 그 일만 담당하는 직원을 뽑았다. 기업은 나쁠 게 없었다. 성과 측량으로 직장인을 압박해 성과를 높이고, 비가시적이지만 필수적인 일을 하는 직장인에게는 '단순 업무'라는 올가미를 씌워 비용을 아꼈다. 직장인도 기업의 논리와 마찬가지로 필수적인 일을 나와는 다르게 전문성이 떨어지는 일이라고 취급했다. 직장인은 직장인일 뿐, 노동자는 노동자일 뿐, 너와 나의 계급이 다른 것도, 너와 나의 일이 본질적으로 다른 것도 아닌데 말이다.

간혹 업계 선배의 이야기를 듣다 보면 과거의 업적을 자랑스럽게 늘어놓는 경우가 많았다. 과거 베스트셀러가 된 책을 언급하며 내가 잘해서 잘나갔다고 이야기한다. 책을 만들고 파는 과정에는 적어도 서너 명 이상이 관여하지만 모두 내 덕분이라고 한다. 정말 잘나갔던 책이 있는데 거기에 참여했던 여럿이 각각 자기 덕분에 책이 떴다고 이야기하는 것도 들어봤다. 그런 이야기를 들을 때마다 난 속으로 외쳤다. '그거 우연이잖아요!'

우리 주변에는 생각보다 우연한 일이 많다. 우연한 성공, 우연한 결과, 우연한 만남. 하지만 기업은 우연한 성과를 인정해 주지 않았다. 그래서 직장인은 회사에서 인정받기 위해 우연적인 일을 필연적인 일로 만들어야 했다. 우연한 일도 측량하기 시작했다. 운 좋게 성공한 선배는 성공 이유를 우연이라고 절대 이야기할 수 없었다. 우연한 성공이라고 이야기한 순간 개인의 성과도 능력도 사라져버리기 때문이다. 마치 복권에 당첨됐는데 "운이 좋았어! 행운이야!"라고 하지 않고 "100만분의 1의 확률로 당첨됐어. 확률을 높이기 위해 열 장이나 산 게 주효했어"라며 우연도 과학적으로 설명할 수 있는 것처럼 이야기했다.

우연을 필연으로 만들어야만 했던 선배는 성공 사례가 사라지지 않고 남아야 했다. 그래서 성공했던 방식 그대로를 후배들에게 강요했다. 가령 A 방식으로 마케팅해서 성공한 적이 있다면, 늘 A 방식을 부서의 기본적인 업무 방식으로 고수하는 거다.

물론 많은 노력과 시도가 있다면 우연한 일이 더 많이 발생할 수도 있다. 그렇다 해도 우연이 필연이 될 수는 없다. 직장인이 모든 성과를 필연적이라고 이야기하는 것은 다 거짓이다. 어떤 결과든 우연히 벌어질 수 있다는 사실. 이것만이 필연이다.

개인 서사와
공동체 서사

왕 대리의 기획안을 받아 든 표 팀장의 표정이 좋지 않다. 이
번에도 왕 대리의 기획안이 마음에 들지 않은 모양이다.

"왕 대리, 기획안이…. 아, 아니다…."

"어떤 부분이 이상한가요? 다시 수정하겠습니다."

"왕 대리 기획안 양식, 이거 어디서 썼던 거야? 전 회사에서
는 이런 양식으로 썼어?"

"네."

"거기가 좀 작은 데라서 주먹구구식으로 기획안 쓰게 했구나. 이런 양식으로는 기획안이 제대로 나오기 힘들지. 앞으로는 내가 주는 양식에다가 써서 가져올래?"

왕 대리는 표 팀장이 전에 썼던 기획안을 받아 자리로 돌아왔다. 기획안에는 핵심적인 사항만 들어가면 되는 줄 알았는데, 팀장의 기획안은 1차 빌드업, 2차 빌드업으로 나뉘어 있고 '아이디어 거르기, 스스로 설득하기, 기획 의도, 핵심 컨셉, 대표 카피, 내용 소개' 등 항목이 아주 세분화되어 있었다. 그런데 팀장이 쓴 글을 보니 세부 항목에 들어가는 내용이 계속 반복되는 느낌이었다. 앞 항목에 있는 내용을 다음 항목에 어조만 다르고 거의 비슷하게 쓰고 있었다.

어쩔 수 없이 왕 대리는 팀장 양식에다가 새로 기획안을 썼다. 자기가 써놓고도 너무 이상했다. 했던 말 또 하고, 했던 말 또 하는 것 같았다. 어쨌든 마음에 들지 않지만 다 작성하고 표 팀장에게 보였다.

"괜찮네. 기획안은 이렇게 써야지."

이번에는 표 팀장 마음에 든 모양이다.

출판계에서 유명한 영업자의 강의를 들은 적이 있다. 그 영업자는 우리에게 대형 서점의 서가 배치도를 그려보라 했다. 서가 배치도를 그려보면, 책이 어떻게 분류되고 있는지 어떤 책이 어디에 들어가는지 머릿속에 그려지고 영업하는 데 많은 도움이 될 거라 했다. 본인의 회사에서도 신입이 들어오면 꼭 숙제로 시킨다 했다.

유명한 업계 선배의 말이기에 나도 시키는 대로 서가 배치도를 손수 그려보았다. 그런데 분명하게 이야기할 수 있는 건 장시간을 할애해 한 그 일이 나에겐 전혀 도움이 되지 않았다는 거다. 누군가에게는 큰 도움이 될 수도 있지만 다른 누군가에게는 전혀 도움이 안 될 수도 있다. 하지만 회사에서 신입 모두에게 강제하는 일이라면 엄청난 시간 낭비가 아닐 수 없다.

한 기업에 신입 사원이 들어왔다. 신입은 성공하기 위해 강의도 많이 듣고 책도 많이 읽고 열심히 공부하면서 자기계발을 게을리하지 않았다. 아침 일찍 출근해서 야근도 거르지 않으며 성과를 내 회사에서 인정받기까지 했다. 신입은 차근차근 단계를 밟아

올라가다가 일명 데스크까지 되었다. 데스크가 된 신입은 이제 회사를 위해 조직원의 역량 개발에도 힘쓰기로 마음먹고 교육 프로그램을 가동했다. 교육 방식은 당연히 자신이 성공하는 데 이바지했던 공부, 자기계발 방식과 다를 게 없었다. 이제 회사 직원에게 교육 프로그램 따를 것을 강요했다.

데스크는 열심히 일하고 자기계발을 하면서 성공가도를 달렸다. 이건 데스크의 경험적 서사다. 그런데 개인 서사로 성공했기에 공동체도 자신의 서사를 따르면 발전할 거라고 확신한다. 공동체 안의 다른 개인에게도 자신의 서사를 강요하는 이유가 이것이다. 하지만 학생 때 전교 1등의 공부 방식을 따라 한다고 해서 모두가 1등이 될 수 없는 것처럼 데스크의 개인 서사는 다른 개인 대부분과 맞지 않는다. 여기서 개인 서사들이 충돌하고 문제가 끊임없이 발생한다.

수많은 조직 구성원이 만들어가는 개인 서사가 부딪치고 화합하고 만나면서 만들어지는 게 회사의 이야기, 즉 공동체 서사다. 많은 개인 서사가 앞으로 나아간다면 공동체 서사도 조금은 더디더라도 앞으로 나아간다. 하지만 우리 기업의 조직은 개인 서사를 공동체라는 틀 안에 가두어버리기 때문에 더 이상 앞으로 나아가지 못하고 정체되어 있다. 사람은 변해도 조직은 변하지 않는 거다. 게다가 공동체 서사 안에 거대한 권력의 개인 서사가 짜맞춘 틀을 따라오길 강제하고 있어 직장인은 주체적인 개인 서사를 만들지도 못한다. 결국 직장의 상급자가 함께 공동체 서사를 만들어가자는 소리는 '나의 서사를 따르라'는 소리다. 함께 만들어가야 할 공동체 서사가 몇몇 개인의 전유물이 되어버리고, 대다수의 개인 서사가 무시되다 보니 회사 조직의 문제는 개선되지 않는다.

이로써 우리는 노동자가 아닌, 근로자가 되었다. 회사에서 주체가 아닌, 객체가 되었다. 기업의 경영 담론은 비판하면서도 자기계발하는 직장인이 되었다. 인성마저도 수치화하는 기업의 논리를 비판하면서도 타자를 측량하게 되었다. 경영자가 되지는 못하지만 기업가 정신으로 무장한 직장인이 되었다. 이제 우리는 회사의 입장에서 이야기하게 되었다.

팀장님, 저한테 왜 그러세요?

우리 민주적으로다가
회의나 하자

천 팀장이 과거 팀원이었을 때 팀장은 뭐든 독단적으로 결
정했다. 천 팀장은 그게 힘들었던 경험이 있어 나중에 팀장
이 되면 꼭 팀원들의 의사를 묻고 일을 진행해야겠다고 생
각했다.

월요일 오전 10시. 천 팀장이 공 과장 자리로 왔다.

"공 과장님, 잠깐 미팅 좀 할까요?"

천 팀장과 공 과장은 회의실에 들어가 지난 주말에 뭐했는

지 잡담을 시작했다. 30분 뒤 천 팀장은 본론에 들어갔다.

"지난 주 프로젝트 진행 일정은 어떻게 하기로 했죠?"

"A, B, C안 새로 수정해서 오늘 최종 결정하기로 했어요."

"아, 맞다. 이따 오후에 회의지? 기대해도 되죠?"

이런저런 이야기가 끝나고 1시간 만에 미팅이 끝났다.

월요일 오후 3시. 천 팀장, 공 과장, 엄 대리, 나 주임이 회의

실에 들어갔다. 일단 공 과장이 수정된 시안에 대해서 대략

적으로 설명했다.

"다들 어떤 안이 제일 괜찮아요?"

"전 B안이 좋습니다."

"저도 B안이 제일 무난할 거 같습니다."

"전 A안, B안 둘 다 괜찮습니다."

"나도 C안은 별로인데 여기엔 다들 동의하는 거네요. 근데

A안이나 B안이나 좀 약하지 않나? 둘을 좀 섞으면 어때요?

괜찮을 거 같은데…."

"A안이랑 B안은 성격이 좀 달라서 섞으면 산만해 보일 거

같은데요."

"아니에요. 좀 성격이 달라서 섞으면 색다를 수 있어."

팀 전체가 두 개의 안을 어떻게 섞을지 고민하며 회의를 하다 오후 6시 30분이 되었다.

"퇴근 시간 지났으니까 다들 어서 퇴근하세요. 내일 다시 얘기하죠."

"팀장님 근데 프로젝트안 본부장님이 수요일까지 보여달라고 하셨는데 빨리 결정해야 할 거 같은데요."

"그러니까요. 내일 빨리 결정해서 수요일에 완성하죠."

다음 날 2시간의 짧은 회의 끝에 'A+B안'에 대한 이야기가 끝났고, 엄 대리가 최종안을 만들어 수요일에 다시 회의하기로 했다.

수요일 오전 9시 30분. 최종안에 대한 검토 회의가 시작됐다.

"아, 이게 아닌데…. 어제 제가 말한 건 이게 아니고 A안의 요 부분을 좀더 크게 하고, 조 부분은 좀 작게 하고…. 무슨 말인지 이해하셨죠? 오전 중에 수정하고 이따 점심 먹고 바로 미팅할까요?"

오후가 되어 수정안을 봤지만 천 팀장은 여전히 뭔가 마음에 들지 않는 듯했다.

"제가 본부장님한테 말씀드려서 하루만 연기해 달라고 해볼

게요. 이대로는 안 될 거 같아요."

목요일 오후. 천 팀장이 어느 정도 마음에 든 'A+B안'을 가지고 본부장과 회의가 있었다. 본부장은 마음에 들지 않다며 다른 안도 보자고 했다.

금요일 오후. 본부장이 최종안으로 고른 건 C안이었다.

"나 이번에 회사 관둬."

"왜? 무슨 일 있었어?"

"하, 팀장 미친…."

회사생활을 하다 보면 주변 동료가 그만두는 경우를 종종 보게 되는데 이유는 대부분 함께 일하는 사람 때문이었다. 그것도 대다수가 팀장(누군가에게는 본부장이나 바로 위 선배일 수도 있겠지만) 욕을 하며 관두었다.

사람이 다양한 것처럼 팀장의 유형도 아주 다양했다. 책임 전가형, 명령 하달형, 회의 지옥형, 생색 내기형, 윽박지르기형, 최고 소심형, 능력 부재형, 1분 1초형(1분 1초마다 생각이나 성격이 바뀜), 초등 교사형, 수습 불가형, 빨리빨리형, 몰라몰라형, 눈치코치형, 무념무상형, 복잡다단형 등등 아주 다양한 팀장이 있었다. 팀원에게는 어떤 팀장을 만나느냐에 따라 회사생활이 좌지우지될 정도로 팀장과의 만남은 중요했다.

직장인마다 좋아하는 팀장의 유형이 다르겠지만 나는 칼퇴근하는 팀장이 가장 좋았다. 단지 나도 눈치 보지 않고 칼퇴근할 수 있어서 좋았다기보다 회사보다 개인의 삶이 더 중요하다는 느낌을 받았기 때문이다.

아무튼 여기서는 나와 주변 동료를 특히 미치게 만들었던 몇몇 팀장에 대해서 잠시 엿보고 가고자 한다.

과거 군대식 조직이 공고할 때는 독단적으로 결정하는 팀장이 많았다. 이때를 힘들게 보냈던 천 팀장과 같은 사람은 민주적으로 의사 결정을 하고 일을 진행해야겠다고 생각했다. 그 때문에 사소한 일도 팀원과 미팅이나 회의를 통해 이야기하고(요즘은 회의 못지않게 단체 대화방에서 1시간마다 말을 걸기도 한다) 사적인 이야기도 나누며 팀원에게 관심 많은 팀장으로 남고자 한다. 처음 천 팀장을 겪는 팀원은 자신의 이야기도 많이 들어주고 이런저런 대화를 나누는 좋은 팀장을 만났다고 생각할지도 모른다. 하지만 문제는 곧 들이닥친다.

먼저 일할 시간이 부족해 초조해지기 시작한다. 뭐가 그렇게 미팅하고 회의할 일이 많은지 아주 사소한 일에도 회의실에 모여야 한다. 게다가 딱히 회의에서 결정되는 것도 없다. 사적인 이야기로 30분, 한 시간이 지나면 짜증부터 난다. 빨리 회의 목적을 달성하고 싶지만 꼬치꼬치 캐묻고 자기 이야기를 장황하게 늘어놓는 팀장 때문에 그것도 쉽지 않다. 일주일에 서너 번씩, 한 번 하면 짧게는 한 시간, 길게는 서너 시간 하는 회의 때문에 일을 하러 회사 가는 건지 회의에 참여하러 회사 가는 건지 모를 때가 많다. 회사는 여러 가지 일에 대한 결정 권한을 팀장에게 주었는데 팀장은 그 권한을 행사할 생각이 전혀 없다. 자꾸 결정하지 않고 팀원에게 "이건 어떨까요? 저건 어떻게 생각해?"라며 질문만 던진다. 그리고 나는 민주적인 팀장이다라고 착각한다.

한 회사에서 팀장이 수시로 회의를 주최하는 통에 팀원들은 야근을 하며 일할 수밖에 없었다. 회의에 지쳐가던 팀원들이 참다 참다 이야기를 했다. "팀장님, 저희 회의가 너무 많은 거 같아요." 그런데 돌아온 대답은 "그래요? 전 근데 우리 회의가 너무 부족하

다고 생각해요"였다. 이런 팀장을 만난 팀원들은 오히려 독단적
으로 결정하는 팀장이 낫다고 말한다.

내가 뭘 원하는지 맞혀볼래?

회의에 빠진 팀장의 문제는 사실 독단적인 팀장과 별반 다르지
않다는 데 있다. 팀원에게 온갖 의사는 다 묻지만 정작 그 의사는
팀장에게 하나도 중요하지 않다. 계속되는 회의에서 질문을 반복
하는 이유는 내 마음에 드는 대답이 없었기 때문이다. 내 마음에
쏙 드는 대답이 나올 때까지 묻고 또 묻는 거다.

이런 팀장을 겪은 팀원은 처음 회의에서 자기 생각을 이야기
하다가 나중에 가서는 그게 필요 없다는 것을 깨닫고 팀장이 원
하는 바를 맞히려고 노력한다. 마치 시험에서 '저자의 의도가 무
엇인지 맞혀보세요'라는 문제를 만난 것과 같다. 팀원이 저자의
의도가 무엇인지를 맞혀야 회의가 끝나고 일이 진행되지, 팀장 결
정을 기다려서는 끝나지 않는다. 팀장은 곧 죽어도 자신은 독단
적이지 않고 팀원 전체가 동의해서 결정하는 사람이어야 했으니

까. 게다가 팀장이 뭘 원하는지 정답에 대한 힌트도 없고 팀원에게 자신의 의도(의도가 없고 느낌만 있는 경우도 많다)도 직접적으로 이야기하지 않는다. 늘 돌려서 이야기하는 통에 팀원은 정답 맞히기 게임이라는 구렁텅이에 빠져버린 것만 같다.

전에 내가 담당인 책 표지를 결정하는 회의를 한 적이 있다. 나는 분명 A 표지가 좋다는 의사를 전달했는데 팀장은 "그건 이래서 별로지 않아? 저게 더 낫지 않아?"라는 말을 반복하면서 내 결정을 통과시켜 주지 않았다. 그래서 "그럼, 팀장님이 고르세요. 그거대로 갈게요"라고 했더니 "너가 담당인데 네 생각이 중요하지"라고 했다. 결국 팀장이 원하는 표지에 대해 내가 "아, 다시 생각해 보니 그 표지가 더 좋네요"라고 이야기해야 일을 진행할 수 있었다.

기획 회의 때도 마찬가지였다. 내가 만들고 싶은 책의 기획안을 들고 회의에 들어가면 못마땅한 팀장은 고개만 갸우뚱거렸다. 그리고 "나를 설득시켜 봐라"라고 하며 구체적이고 논리적인 이유를 내놓길 원했다. 그렇지만 내 기획안이 마음에 들지 않은 이유는 그냥 '재미없다'였다. 만약 이 기획안을 통과시키지 않을 생각이라면 첫 회의에서 바로 하지 말라고 이야기하면 시간 낭비할 필요도 없는데, 꼭 지금 기획으로는 설득력이 부족하니 더 보충해서 가져오라고 했다. 다음 회의, 그다음 회의가 되어도 달라지는 건 없었다. 여전히 재미없어 통과는 되지 않지만 그렇다고 탈락도 아닌 상태가 유지됐다. 나 스스로 해당 기획을 포기해야만 하나의 기획에 대한 결정이 끝이 났다. 결국 나중에 통과되는 기획은 전부 팀장이 "이런 소재 재밌지 않아? 이거 구체화해 볼래?"라고 이야기한 것들이었다.

내가 다 가르쳐줄 테니
잘 배워봐

마 팀장과 설 대리가 기획 회의를 시작했다. 설 대리의 기획
안을 추진할지 말지, 추진하게 되면 어떻게 진행할지 결정
하는 시간이었다. 설 대리가 먼저 기획안에 대해 간략하게
설명했다. 이야기를 다 들은 마 팀장은 살짝 미소를 띠며 설
대리에게 물었다.

"설 대리는 기획안이 뭐라고 생각해요?"

"네? 저는…. 이 기획을 통해 어떤 책이 만들어질지 미리 가

늠해 보는 안이라고 생각합니다."

"그래서 이 기획안을 보면 뚜렷하게 상상이 돼요?"

"네, 저는 컨셉도 차별성이 있고 괜찮은 책이 나올 거 같습니다."

"흠, 그럼 컨셉은 뭐라고 생각해요?"

"컨셉은 이 책의 핵심 주제의식을 드러내는 거죠."

"기획안에 핵심이 잘 드러난 거 같아요? 이 책의 컨셉을 말로 설명해 볼래요?"

"그러니까 여기 썼다시피 우리는 노동자이면서 왜 회사의 입장에서 이야기하는지 탐구하는 책이죠."

"탐구하고 끝?"

"아니, 그러니까…. 그런 탐구 과정을 통해 직장인이 회사 편을 드는 이유가 무엇인지 우리도 모르게 회사 편에서 이야기하는 건 없는지 또 우리의 입장을 분명히 이야기할 수 있는 직장인이 되려면 어떻게 해야 할지 고민과 질문을 던지는 책이라고 생각합니다."

"말로는 그렇게 잘하면서, 기획안에는 컨셉이 잘 안 드러나는 거 아닐까요? 기획 의도는 뭐라고 생각해요? 기획 의도가 짧고 분명하게 들어간 거 같아요?"

"그러니까 기획 의도는…."

"거 봐. 잘 설명 못하잖아요. 기획 의도는 좀더 분명하게 의미가 전달되게 해야죠. 여기 보세요. 그리고 뭐뭐 같다 이런 말을 자주 쓰는데 이러면 주장이 흐릿해 보여요. 여기 뭐뭐 한다면, 한다면 같은 표현도 너무 자주 쓰이고. 좀더 내용 전달이 잘되게 기획안 수정해서 내일 다시 할까요?"

설 대리는 수정 또 수정했다. 마 팀장이 틈틈이 설 대리 자리로 와서 기획안에 대한 가르침을 전달했다. 나중에는 도저히 안 되겠는지 전에 자신이 했던 기획안 양식과 샘플까지 전달했다.

다음 날 기획 회의 시간. 설 대리의 기획안을 검토한 마 팀장은 또 미소를 지어 보였다.

"어때요? 기획안 좋아진 거 같아요?"

"네, 어제보다 나은 거 같아요."

"맞아요. 훨씬 내용 전달도 잘되고 이야기가 선명한 느낌이네요."

"그럼, 어떻게 할까요? 기획 이대로 추진해도 될까요?"

"음, 근데 기획 자체가 좀 재미가 없어요. 이거 하지 말죠. 좀 더 재밌는 기획 진행하면 좋을 거 같아요."

한번은 방치형 팀장을 만난 적이 있었다. 아무것도 모르는 신입에게 무엇 하나 알려주는 일이 없었다. 내가 할 일 몇 개를 정해만 주고 나머지는 알아서 하라고 했다. 처음 겪는 업계 용어, 처음 만나는 거래처 관계자들, 이것저것 당혹스러운 게 많았다. 물어보고 싶은 것도 많았지만 묻는 것도 쉽지 않았다. 업계 선배들은 모르는 건 다 물어보라지만 무언가를 물어보기 어려운 사람도 많다. 방치형 팀장도 그랬다.

그런데 난 내가 겪었던 팀장 중 방치형 팀장이 가장 좋았다. 아니 나랑 잘 맞았다. 자유롭게 내가 원하는 방식대로 일하는 걸 좋아하는 나와 맞는 팀장이었다. 물론 누군가는 방치형 팀장과 너무 안 맞아서 힘들어 하는 경우도 봤지만 어쨌든 나의 경우는 큰 문제가 없었다.

또 한번은 내가 모르는 거 하나하나 세세하게 알려주고 물어보는 것도 어렵지 않은 친절형 팀장을 만났다. 그때도 처음 겪는 일이 종종 있었는데 팀장에게 묻고 쉽게 배울 수 있었다.

그런데 친절형 팀장은 나와 상극이었다. 친절함이 과도했다. 신입이든, 3년차든, 5년차든 상관없이 늘 무언가를 가르치려 들었다. 나는 일을 배우고 싶은 게 아니라 일을 하고 싶은데 언제든 가르침을 받아야 해서 일을 할 수가 없었다. 게다가 배운 방식대로 하지 않고 내 방식대로 일을 하면 지적받고 또 다른 가르침을 받아야만 했다. 옆 팀원들은 이런 속도 모르고 "너무 좋은 팀장 만나서 좋겠어요. 너무 친절하시잖아요"라고 했다.

자존감을 떨어뜨리다

나는 자존감이 굉장히 높은 편이라 생각한다. 지금껏 일을 하면서 자존감이 떨어져 본 일이 없으니까. 하지만 친절형 팀장을 겪으면서 처음으로 자존감이 나락으로 떨어진 일이 있었다. 당시 처음 해보는 분야의 책을 맡아서 진행하고 있었는데 그걸 검토한 팀장이 회의에서 이야기했다. "이렇게 쓰면 독자들이 이해할 거 같아? 박 대리는 이 분야 처음이지? 처음이라서 그래. 아직 잘 몰라서 그래." 그러고는 내가 편집한 책을 구성부터 문장까지 싹 뜯어고 쳤다. 그걸 보고선 내가 지금까지 생각했던 게 잘못됐나, 내가 잘 모르고 있구나 생각하다 보니 자신감도 자존감도 함께 떨어졌다. 이 상태는 생각보다 오래 갔다. 경력이 쌓여도 여전히 내가 잘 모르는 사람처럼 팀장이 이야기했기 때문이다.

그러다 팀원으로 나보다 더 경력이 많은 사람들이 들어왔다. 그들도 회사에 있으면서 자존감이 떨어져 갔다. 나중에 팀장과 한 이야기를 듣고 나서야 그 이유를 알 수 있었다. "누구 씨는 경력은 많은데 제대로 된 팀장한테 배우지 못해서 그래. 아직 모르는 게 많아. 여기서 제대로 배워야겠어." "누구 씨는 이 분야 경험도 있 지만 최근에는 또 다른 분야 위주로 일을 해서 잘 모르는 게 많 아. 좀더 배워야 해." 나뿐만 아니라 다른 사람에게도 똑같은 소 리를 했다는 걸 듣고서야 모든 게 명쾌해지고 바로 자존감은 회 복되었다.

선생님처럼 가르치는 걸 좋아하는 팀장은 '난 선생이고 넌 학 생'이기 때문에 늘 팀원보다 우위에 서야 했다. 그게 무엇이든 상

관없다. 경력이든, 경험이든, 나이든, 학력이든, 내가 팀원보다 더 많이 아는 사람이고 팀원은 그러니 나에게 배워야 한다. 이 명제만 통하면 됐다. 이런 팀장에게 휘둘리면 팀원은 '난 왜 실력이 안 늘지? 난 왜 이렇게 부족하지?'라는 생각에 빠져 자존감이 낮아지기 십상이다.

자존감이 회복되고 보니 팀장이 처음 내가 잘못하고 있다고 지적하던 일도 분명히 보였다. 나는 내 방식대로, 팀장은 팀장 방식대로 일하고 있을 뿐이었다. 팀장은 내 방식이 마음에 들지 않아 지적하고 나는 팀장 방식이 마음에 들지 않아 이해할 수 없던 거다. 그런데 팀장은 자신의 방식이 무조건 옳고 컨펌이란 권한으로 팀원을 가르치려만 들었다. 그래야 팀원의 역량을 키울 수 있고 그게 팀장의 역할이라 생각했다. 결국 팀장은 팀원이 자신의 방식에 맞춰 일하기 시작하면 실력이 늘었다며 만족한다.

하지만 친절형 팀장 밑에서 여러 해를 일하고 팀장으로부터 "이제 일이 많이 늘었네"라는 말도 들었지만 달라진 건 별로 없었다. 여전히 팀장은 내가 하는 일을 빽빽히 수정하려 들었고, 틈만 나면 질문을 던지며 자기 가르침을 내가 잘 받고 있는지 확인하려 했다. 그러면서 왜 일이 이렇게 더디냐며 핀잔하기 일쑤였다.

팀장들이 제발 깨달았으면 하는 바가 있다. 가르치려는 눈으로 보면 가르칠 것밖에 보이지 않는다. 내가 선생이 되어버리면 상대방은 학생이 될 수밖에 없다. 만약 나도 전문가이지만 상대방도 전문가라고 인식한다면, 겸허히 함께 일할 수 있지 않을까(회사에서는 직장인에게 그토록 프로 의식을 가지라고 하는데 왜 프로로 대접하지 않는가). 우리는 회사에 일을 하러 온 거지, 일을 배우러 온 게 아니다.

내가 널 얼마나
케어해 주는데!

원 팀장은 매주 본부장에게 업무 보고를 하는데 항상 방 대리에게 초안을 맡겼다. 초안이라고 하지만 늘 방 대리의 보고서를 그대로 본부장에게 올리곤 했다. 또 원 팀장이 방 대리에게 부탁을 했다. 이번에는 방 대리가 못 참고 이야기했다.

"방 대리, 주간 업무 보고 부탁해."

"팀장님, 죄송한데 매번 제가 이 작업하는데요, 제가 왜 하는지 잘 모르겠어요."

"방 대리 무슨 말이야? 이거 시간 얼마나 잡아먹는다고. 하기 귀찮아?"

"아뇨. 그런 건 아닌데요. 제가 할 일이 아닌 거 같아서요."

"아니, 그래서 내가 항상 부탁하잖아. 방 대리, 지금까지 본 부장님한테 한소리 들은 적 없지? 그거 왜 그랬을 거 같아? 내가 그동안 얼마나 케어해 줬는데! 됐어, 앞으로 보고서 작성하지 마."

그 이후 보고서 작성은 여 주임 몫이 되었다.

여 주임은 회사생활을 시작한 지 3년이 채 안 됐다. 하지만 그동안 그만두고 싶다고 생각한 날은 너무도 많았다. 팀장과 너무 안 맞다고 생각했기 때문이다. 여 주임은 큰 결심을 하고 원 팀장에게 면담을 요청했다.

"팀장님, 저 회사 그만두겠습니다."

"왜 그래? 무슨 일 있어?"

"아뇨. 그냥 좀 쉬려고요."

"뭐 어디 갈 데 있는 건 아니고? 그러지 말고 다시 생각해 봐. 여 주임 일도 이제 많이 능숙해지고 좋아졌잖아. 업무가 너무 많아서 그래? 업무 좀 줄여줄까?"

"아뇨. 그냥 쉬면서 운동도 하고 여행도 좀 다니려고요."

"에, 뭐 아직 계획도 세운 거 없는 거 같은데. 지금 여 주임 경력 3년도 안 됐잖아. 안타까워서 그래. 경력이 지금은 좀 애매해. 한 1, 2년만 더 배우면 오라는 데도 많을걸!"

"그냥 그만둘게요."

"대체 뭐가 불만인데? 어? 여 주임 경력이면 납작 엎드려서 일 배울 생각을 해야지. 지금 나가면 어디 갈 데는 있을 거 같아?"

회사에서 일을 하다 보면 일의 경계가 불분명한 경우가 많다. 어디서부터 어디까지가 내 일이고 어떤 일은 내 권한으로 진행할 수 있고 어떤 일은 팀장에게 컨펌을 받아야 하는지 명확하지 않다. 간혹 선을 분명하게 나누어주는 팀장도 있지만 대부분은 팀원이 눈치껏 선을 밟지 않고 일하기를 바란다. 나도 회사에서 이 정도까지는 나 혼자 진행해도 되겠지 생각하고 일을 했더니 나중에 크게 낭패 본 일이 있었다. 그 이후로는 일일이 팀장에게 컨펌을 받았는데 팀장도 그걸 좋아하는 눈치였다.

어떤 팀장은 팀원이 스스로 일하기를 바라고, 어떤 팀장은 팀원이 일일이 확인받으며 일하기를 바라고, 어떤 팀장은 그때그때 마음이 달라 이건 확인받지 않아 화를 내고 저건 굳이 확인받는다고 화를 낸다. 게다가 일의 경계가 모호하다 보면 이건 누가 봐도 팀장이 해야 할 일 같은데 팀원에게 업무가 떨어지는 경우도 많다. 특히 팀장이란 직함만 달면 사소하다 생각되는 일은 절대 하지 않는 팀장들이 있다(그렇다고 큰일을 잘하는 것도 아니지만). 그런 팀장은 팀원에게 자신의 일을 당연하다는 듯 떠넘긴다.

그런데 특이하게도 소소한 일이나 잡무를 팀원에게 전부 떠넘기는 팀장일수록 '난 정말 괜찮은 팀장이야. 나처럼 팀원에게 잘해주는 팀장이 어딨어?'라고 생각하는 경향이 있다. 그렇기 때문에 만약 자신이 떠넘기는 일을 팀원이 거부하는 일이라도 생긴다면 '내가 너한테 어떻게 했는데? 감히 나한테?'라며 배신감을 느낀다. 실상 팀원을 케어해 준 것도 없는데 말이다. 생각해 보라. 그동안 팀장의 일을 대신 해주었던 팀원이 팀장을 케어해 준

것이지 팀장이 한 일은 없다. 팀장이 케어해 줬다는 건 본부장이나 이사급의 상사가 "팀원들은 일 잘하고 있는가?"라고 물었을 때 "예, 잘하고 있습니다"라고 대답한 것을 말한다. 내가 상사에게 팀원 욕을 하고 싶은데 그걸 꾹 참고 잘하고 있다 했으니 그것으로 나는 얼마나 팀원을 케어해 주고 있는 건가라고 생각한다. 그리고 이제 자신의 일을 거부한 팀원을 더 이상 케어해 주지 않겠다 다짐을 하는 건 그동안은 네가 못마땅해도 참고 넘어갔지만 앞으로는 사소한 잘못만 있어도 갈구겠다라는 소리다. 막상 팀장이 케어해 주지 않아도 팀원이 겪는 고통은 팀장의 갈굼뿐이지 다른 상사에게 받는 눈초리 같은 건 전혀 없다.

나는 전에 팀장과 본부장에 대해 이야기를 하다가 본부장이 나한테는 한소리 한 적 없다는 말을 했더니 "내가 그동안 얼마나 막아줬는데! 그걸 모르네!"라는 말을 들었다. 아니, 본부장이 나한테 총을 쏘는 것도 아니고 뭘 막아준다는 건지 본부장이 정당한 지적을 하면 겸허히 받아들일 것이고 부당한 지적을 하면 당당히 거부하면 될 것을, 착각하고 있는 팀장이 많다.

그리고 케어하고 막는다는 팀장들은 괜한 말을 전하곤 한다. "그때 본부장님이 너 일 못한다고 막 욕을 했어. 근데 내가 말했지. 아니다. 우리 팀원은 그렇지 않다. 지금 배우고 있는 과정이라 조금 느릴 뿐이지 아주 꼼꼼하게 잘하고 있다. 그랬더니 본부장님이 고개를 끄덕거렸다니까." 따위의 말을 아무렇지 않게 전한다. 오로지 나의 치적을 위해서, 내가 팀원을 케어해 준다는 것을 강조하기 위해서 말을 전하는 것뿐이다. 이야기를 들은 팀원의 기분에 대해서는 아예 관심도 없다(나는 특히 "누가 너 실력이 없대. 지는 더 실력이 없으면서 누가 누구한테 그딴 소리를 하는 거야"처럼 편드는 척하면서 남의 말을 굳이 전하는 사람을 싫어한다).

아무튼 나는 막아준다거나 케어해 준다거나 따위의 소리를 하지 않고 오히려 다른 상사가 내 욕을 하더라도 그걸 굳이 전하지 않는 팀장에게 케어받는 느낌을 받는다.

팀장님, 저 그만두겠습니다

팀장과 너무 맞지 않아서, 혹은 팀장에게 너무 갈굼을 당해서 "팀장님, 저 그만두겠습니다"라고 말하는 순간은 어쩌면 아주 짜릿한 순간이다. 그동안 팀장과의 관계에서 객체로 살아왔던 팀원이 처음으로 주체가 되는 순간이기 때문이다.

팀원을 케어한다고 생각하는 팀장은 대부분 팀원이 그만둔다 했을 때 원 팀장과 같은 반응을 보인다. 처음에는 팀원이 그만두는 이유를 이해하지 못하고 팀원을 붙잡기도 한다. 아무리 회유를 해봐도 팀원의 의지가 굳건하면 갑자기 화를 낸다거나 '네가 감히'라는 반응을 한다. 나는 항상 팀원에게 잘해주는 팀장이어야 하기에 팀원이 별 이유 없이 그만두는 데에 배신감을 느끼는 거다. 급기야 "네가 어디 갈 데가 있을 거 같아?"라는 말로 마무리 짓는다. 이 말은 어딘가 어록으로 남기고 싶을 만큼 내 주변 직장인이 회사를 관둘 때마다 들었던 소리기도 하다. 하지만 막상 회사를 나온 직장인은 다들 더 좋은 데로 이직했다.

어떤 팀장은 팀원의 의사와는 상관없이 한 팀원을 보직 변경 시켰는데, 보직 변경된 팀원은 나와 맞지 않는 일을 할 수도 없고 '이건 나가라는 소리구나'라고 생각해 회사를 그만둔다고 이야기했다. 그랬더니 팀장은 "보직 변경했다고 바로 나간다고 하냐"며 크게 화를 낸 일도 있었다.

팀원이 그만둔다고 하면 곱게 보내주면 될 것을 팀장은 왜 화를 내거나 저런 발언을 하는 걸까? 그건 팀원과의 관계에서 항상 주체였던 팀장이 객체가 되는 걸 견디지 못하기 때문이다. 팀장은 내가 먼저 팀원을 자르거나 혹은 쫓기듯 나가게 해야 하는데, 팀원이 먼저 주체가 되어 그만둔다고 이야기하는 걸 받아들이지 못하는 거다. 내 기준으로는 내 보살핌을 더 받아야만 능력을 가질 수 있는 팀원인데 감히 나가니 나가서 갈 데가 없다는 험한 소리를 한다. 하지만 정작 팀원의 능력을 몰랐던 건 팀장이었고, 아이러니하게도 그만두는 순간에 비로소 주체가 된 팀원은 다른 회사에 가서 능력을 인정받곤 한다.

팀장님,
제발 일 좀 하세요!

2020년 3월 17일 화요일

 홍 팀장

자, 다들 올해 목표 알고 있죠? 우리 팀에서 16종을 내야 해요~ 나 3종, 은 대리 5종, 모 주임 4종, 남 사원 4종, 기억하고 있죠? 근데 지금 은 대리만 1종 냈어요 다들 분발합시다! 오전 11:13

오전 11:25 넵! 알겠습니다

모 주임

달려보겠습니다 오전 11:32

은 대리

넵! 오전 11:40

홍 팀장

밀리언셀러 제조기,
구백만 대표를 만나다
news.mbs.co.kr

인상적인 내용이네요 다들 꼭
읽어보세요
1 오후 3:48

모 주임

와~ 엄청난 분이네요 1 오후 3:59

1 오후 4:03 저희도 저런 회사처럼 하면 좋겠어요

홍 팀장

우리 팀에서도 꼭 밀리언셀러 나올 거라
믿습니다
1 오후 4:04

2020년 8월 20일 목요일

홍 팀장

저번 회의 때 얼핏 얘기했는데 아무래도 하반
기 목표를 좀 수정해야 할 거 같네요

연말까지 우리 팀에서 9종을 더 내야 하는데 나 2종, 은 대리 2종, 모 주임 3종, 남 사원 2종 남았어요 오전 10:17

홍 팀장

근데 제 원고 2개가 이게 완전 블랙홀이에요 너무 원고가 엉망이어서 손을 대면 내년까지 제가 다른 일 아무것도 못하고 여기에만 매달려야 해요

그래서 내년 초에 내기로 한 은 대리 거 1종이랑 남 사원 거 1종 올해로 당겨야겠어요

대신 제가 팀원들 원고 교정 보고 도와주면 금방 끝날 거예요 오전 10:18

은 대리

팀장님, 저 올해 이미 많이 돌리고 있어서 내년 거 1종 당기는 게 너무 무리가 있어 보이는데요 오전 10:25

홍 팀장

아, 걱정 말아요 보니까 이번에 은 대리가 하는 원고 상태가 너무 좋아서 제가 보면 3일이면 끝낼 수 있어요 이따 원고 넘겨주세요 오전 10:27

2020년 9월 23일 수요일

은 대리

팀장님, 혹시 제 원고 다 못 보셨나요? 오전 9:44

홍 팀장

그게 내가 일이 너무 많다 보니까 아직 1챕터 밖에 못 봤는데

아무래도 내가 시간이 잘 안 나서 외주 맡기는 게 나을 거 같아요

오전 9:47

은 대리

이제 와서요? 오전 9:48

홍 팀장

제가 빨리 작업하는 외주자 소개시켜 드릴게요 걱정 마세요

오전 9:50

리더십의 10가지 전략
news.company.co.kr   1

엄청 감동적인 내용이네요 한번쯤 읽어보면 좋을 듯해요

1
오후 4:18

2021년 1월 8일 금요일

홍 팀장

작년에 우리가 비록 15종 내고 목표 달성 못했지만 다들 수고 많았어요 올해도 다 같이 열심히 해서 성과급도 받고 좋은 한해가 됩시다

올해는 우리 팀 목표가 17종이에요 충분히 가능해요 나 3종, 은 대리 5종, 모 주임 5종, 남 사원 4종 한번 해봅시다!!

3
오전 11:06

팀원에게 가장 싫은 팀장이 누구냐고 묻는다면 단연코 무능한 팀장을 꼽는다. 거기에 더해 무능하면서 일도 안 하고 민폐까지 끼치는 팀장을. 그런데 생각보다 무능하고 일도 안 하고 민폐 끼치는 팀장은 너무너무 많다.

무능형 팀장은 연초가 되거나 입사한 지 얼마 되지 않았을 때 의욕이 아주 넘쳐흐른다. 처음 보는 팀원에게는 내가 얼마나 대단한 사람인지 아냐는 둥 온갖 폼을 다 잡고는 나만 잘 따르면 우리 팀은 엄청난 성과를 만들어낼 거고 팀원 모두가 회사에서 인정받고 성과급도 많이 받을 거라는 허황된 이야기 따위를 늘어놓는다. 게다가 연 목표를 설정할 때 회사에서 강요하지 않는데도 굳이 과도하게 높은 목표를 잡는다. 팀원에게는 우리는 할 수 있다며 팀의 미래가 밝은 것처럼 포장하기 바쁘다.

무능형 팀장은 맡은 실무가 있어도 잘 하지 않는다. 누군가가 언제까지 할 거냐고 물으면 내가 마음만 먹으면 하루이틀이면 끝낸다는 식으로 답한다. 그러나 좀처럼 마음먹는 일이 없다. 일은 하지 않지만 팀장은 늘 바쁘다. 회사 단체 대화방에서도 말이 가장 많은 편이고 외부 강의에 대한 정보나 회사에 대한 기사를 찾아 링크 올리는 일에도 열심이다. 대기업의 전문 경영인이나 업계 셀럽에 대한 관심은 아주 많지만 정작 본인 일에는 관심이 없다. 그러면서 나는 정말 바쁘다고 생각하며 온갖 바쁜 티를 다 낸다.

무능형 팀장이 입사한 지 몇 개월이 지나지 않아 나 자신만 빼고 주변 모두가 팀장의 실체를 파악하게 된다. "마케팅은 말이야, 편집은 말이야, 디자인은 말이야…"라며 팀원에게 설파했던 논리는 SNS 같은 데서 얼핏 봤던 것뿐이지 팀장 스스로 공부하거나 깨달은 바가 아니었다. 어디서 주워들은 이야기를 마치 자기가 깨달은 엄청난 담론인 양 말하고 다녔던 거다. 한 회사에 마케팅 팀장으로 새로 들어온 사람이 있었는데 팀원에게는 멋있는 말인 것처럼 "은 대리, 카피는 말이야. 1초 만에 사람을 사로잡을 수 있어야 해"라며 팀원에게 카피를 맡기더니 정작 본인은 카피를 써본 적도 공부해 본 적도 없는 사람이었다. 이 마케팅 팀장은 팀 일이 잘못되면 다른 직원에게 팀원 험담을 하면서 책임을 떠넘기더니 결국 얼마 뒤 본인도 회사에서 쫓겨나듯 떠나야 했다.

상반기가 끝날 때쯤 목표가 무리였다는 걸 팀장은 깨닫게 된다(팀원들은 목표를 잡는 순간 알았지만 팀장은 몇 개월이나 걸려서 알게 되는 상황이다). 팀원은 얼핏 목표에 맞춰 할당량을 채워가고 있지만 팀장은 자신의 할당량을 전혀 맞추지 못하고 있다. 그때부터 팀장은 팀원에게 여러 가지 하소연을 시작한다. 내가 일이 너무 많아 시간이 없다, 내가 맡은 일이 문제가 많다, 팀장 역할이 많아서 실무를 할 수가 없다 등등. 심지어 팀 전체가 일을 제대로 진행 못한다고 대표에게 눈총을 받고 있는 중인데도 "대표님께 우리 팀 일이 너무 많다고 충원해 달라고 요청해야겠어요"라고 해 팀원들이 오히려 팀장을 말린 일도 있다. 팀장이 팀원을 충원하고 싶었던 건 결국 자신이 맡은 실무를 떠맡길 사람을 구하는 거였다. 일반적으로는 팀원들이 일에 허덕이다가 팀장에게 팀원 좀 더 뽑아달라고 요청하겠지만 무능형 팀장은 팀원을 더 뽑아 자신은 실무를 하지 않고 (대체 무엇인지는 알 수가 없지만) 팀장 역할만 하려고 든다. 연말을 향해 달려갈 때쯤 팀장의 실무는 대부분 팀원에게 넘어가 있고 팀장은 팀원의 일에 숟가락만 얹어 한 해를 끝내곤 한다.

1년 중 중간중간 대표로부터 프로젝트가 떨어지는 일도 있다. 모든 팀은 이를 기피하지만 의욕이 넘치는 팀장은 기어코 프로젝

트를 받아 온다. 그리고 당연하게도 팀원에게 프로젝트를 맡기고 팀장은 결과물을 보고하려고만 든다. 한 팀장은 프로젝트로 모든 팀원이 며칠 동안 야근을 하자 마지막 정리는 자신이 하겠다며 팀원들을 퇴근시켰는데, 다음 날 정리한 건 1페이지에 불과해 또 팀원 전체가 달려들어 프로젝트안을 다 작성해야 했다.

무능형, 혹은 민폐형 팀장의 팀원으로 회사생활을 하는 건 쉬운 일이 아니다. 어디선가 팀장이 받아 온 업무도 처리해야 하고, 팀장이 못한 실무도 대신 해줘야 하고, 팀장이 나를 도와준답시고 더 벌려놓은 일도 수습해야 하고, 팀장이 팀장 역할이 너무 힘들다며 투정 부리는 것도 받아줘야 한다. 어떤 회사의 팀장은 대표로부터 일의 진행 속도가 더디다고 지적받자 회의 자리에서 팀원에게 "내가 하반기 때는 여러분에게 다른 모습을 보여줄 거예요. 기대해도 좋아요"라고 했다가 한 달 뒤 "사람이 쉽게 변하지 않아요"라며 고백 아닌 고백을 했다. 만약 팀장이 아닌, 팀원이라면 감히 저런 발언을 할 수나 있을까. 실무를 제대로 하지 못한 팀장은 그래도 핑계가 있었다. 팀장 자리가 너무 무거워서 실무에 쏟을 정신이 없다는 거다.

팀장 역할 놀이에 빠지다

회사는 더 빠른 생산을 위해 팀을 만들었고 그 팀을 관리하는 팀장 자리를 만들었다. 팀장은 중간 관리자라는 명목으로 팀 생산을 주도하고 이끌어가는 역할을 가졌다. 회사마다 팀마다 경우가 다르지만, 팀장은 실무와 관리를 병행하거나 팀원 생산을 독려하는 관리 역할만 맡기도 한다. 그런데 실무자가 부족하거나 팀 생산량을 늘려야 할 상황 등 팀장이 실무에 참여해야 할 때조차 관리만 하려 드는 팀장이 너무 많다.

앞서 이야기했던 친절형 팀장은 회사 경영진에서 생산 속도가 더디다며 압박을 가해도 절대 실무를 하지 않고 팀원에게만 작업 속도를 올리라고 재촉했다. 오로지 팀원을 가르치거나 컨펌만 진행하려다 보니 작업이 절반 이상 진행된 것을 다시 처음으로 돌려보내거나 세부 수정 사항이 너무 많아 작업 진행 속도를 더욱 더디게 했다. 팀장이 실무를 하고 컨펌 과정만 줄였어도 팀 전체의 생산 속도가 훨씬 늘었을 텐데도 팀장은 항상 팀원의 작업 속도만 탓했다. 심지어 팀원이 나 혼자뿐일 때도 있었는데 그때도 팀장은 실무에 손을 대지 않은 채 나를 가르치고 내 작업을 더디게 하는 데만 집중했다. 이 이야기를 들은 내 친구는 "구멍가게에서 서빙도 하고 배달도 하고 이것저것 다 같이 해야지, 곧 죽어도 카운터만 보겠다는 거네"라고 비유했다.

회사에서 팀장을 중간 관리자라 하니 팀장은 역할 놀이에 빠져버렸다. 자신이 정말 관리자라도 된 것처럼 관리만 하려 들었다. 그러다 보니 어떤 조직은 실무자보다 관리자가 더 많은 기이한 일도 벌어진다. 실제로 내가 다녔던 중견기업은 고개만 돌리면 부장이니 이사니 했는데 회사에 노동자협의회가 생겨도 그 구성원보다 나머지가 더 많았다.

관리자란 늪에 빠진 팀장은 팀원의 일에만 관심을 쏟는다. 회의나 문서를 통해 보고받고 있으면서도 매일같이 일정은 잘 진행되고 있느냐, 다음 일정은 준비하고 있느냐 팀원에게 묻는다. 팀원은 쪼임 당한다 생각하지만 팀장은 독려라고 착각한다. 한 회사의 팀장은 주간 회의와 일일업무보고, 주간업무보고를 통해 일정을 보고받고 있는데도 그것으로는 부족한지 재차 팀원에게 일정을 물었다. 하루는 팀원이 보고만 하다 지치겠다고 불만을 터뜨리자 회의와 문서로 공유가 다 된다면 "그럼 난 할 일이 없다. 내가 뭘 하면 되는지 알려달라"고 했다.

또한 역할 놀이에 빠진 팀장은 자신의 역량에는 관심 없고 오로지 팀원의 역량에만 관심을 둔다. 팀원 역량을 키울 수 있는 강의든 자료든 뭐든 구하는 데 시간을 아끼지 않는다. 자신이 어렵게 구한 자료를 팀원이 관심을 보이지 않으면 이해하지 못한다. 너의 역량을 키우기 위해 꼭 필요한 건데 왜 관심이 없느냐, 왜 공부하지 않느냐. 사실상 팀원은 일하느라 바빠서 역량 따위 신경 쓸 겨를이 없다. 팀장이 일을 덜어주면 역량 키우는 데도 많은 시간을 쏟을 텐데, 팀장은 이걸 모른다.

좋은 팀장 좀 하지 마!

팀장의 역할이란 무릇 팀원이 회사생활에서 힘든 점은 없는지 가정생활은 괜찮은지 사소한 것에도 관심을 가져야 하고, 팀원에게 커피는 물론 맛있는 밥과 술도 잘 사줘야 하고, 내가 아는 회사생활의 스킬이나 도움받았던 말도 잘 알려주는 것이다. 이런 역할을 잘해야 좋은 팀장이 될 수 있다. 여전히 이렇게 생각하는 팀장이 많다. 좋은 팀장이라고 생각하는 대부분의 팀장은 평소에는 친근한 척 이것저것 사주고 물어보고 하다가도 일적인 문제에서는 갑

자기 상급자로 돌변하여 권위를 내세운다.

팀원에게 커피도 잘 사고 생일이든 다른 경조사가 있으면 따로 챙기고 명절 때도 회사와 별도로 팀원에게 상품권을 주기도 하면서 이것저것 다 챙기는 팀장이 있었다. 그런데 안타깝게도 팀원들은 그 팀장을 아주아주 싫어했다. 본인 일은 잘하지도 않고 일을 팀원에게 떠넘기거나 팀원의 일을 도와준다면서 망치는 일이 더 많기 때문이다.

팀원이 원하는 건 나에게 관심을 가져주고 끼니를 챙겨주는 것 따위가 아니다. 차라리 묵묵히 자신의 일을 하는 팀장을 더 좋아하고 말만 앞세우는 팀장을 싫어한다. 굳이 뭔가 팀원에게 잘해줘야지 생각하지 마라. 그런다고 잘해줄 수 있는 게 아니다. 팀원이 원하는 건 합리적으로 일할 수 있는 환경을 마련해 주는 것. 그거 하나면 충분하다.

조직 안에
사람이 있다!

누구나 주체적으로
일할 수 있을까?

변 팀장이 출근하자마자 민 대리에게 물었다.

"민 대리, 어제 시킨 매출 보고서 다 작성했어?"

"네, 책상 위에 올려놓았습니다."

변 팀장이 보고서를 확인한 뒤 바로 민 대리를 불렀다.

"민 대리, 여기 거래처 매출은 없는데?"

"어제 상품 매출만 요청하셔서 상품 매출만 정리했는데

요…. 거래처 매출도 정리할까요?"

"민 대리, 잠깐 나 좀 볼까?"

변 팀장이 민 대리를 회의실로 데려갔다.

"민 대리, 이제 몇 년차지?"

"4년차입니다."

"아니, 벌써 4년차면 사람이 주체적으로 일해야 할 거 아냐?
내가 상품 매출 정리하란 소리는 거래처도 포함해서 하는
말이지. 알아서 판단이 안 돼? 하나하나 알려줘야 일을 할
거야?"

"죄송합니다."

한 달 뒤, 변 팀장이 또 민 대리에게 매출 보고서 작성을 요
구했다. 민 대리는 상품별, 거래처별 정리는 물론 기존 양식
을 한눈에 볼 수 있게 수정했다.

"민 대리, 이게 뭔가?"

"기존 양식이 매출 현황이 너무 분산되어 있어서 한눈에 볼
수 있게 수정했습니다."

"아니, 누가 그렇게 하래? 시키는 거나 제대로 할 것이지 왜
마음대로 고쳐?"

예전에 출판사의 한 편집 팀장이 팀원에게 이런 이야기를 한 적이 있다고 한다.

"편집자는 다양한 경험을 해봐야 한다. 업무 시간이라고 회사에만 있지 말고 밖에 나가서 산책도 하고 카페에서 책도 보고 영화나 공연도 보고 그래라."

아니, 세상에 이렇게 좋은 회사에 좋은 팀장이라니. 나 같으면 매일같이 나가서 영화나 보고 그랬을 텐데…. 하지만 현실은 달랐다. 팀장이 이와 같은 발언을 했지만 팀원은 아무도 나가지 않고 업무 시간엔 항상 회사에서 일을 했다고 한다. 왜 그런 걸까?

생각해 보면 말은 쉽다. 말로는 네 뜻대로 일하라 하지만 어디 직장인의 환경이 그러한가? 이미 위에서 떨어진 업무만 해도 산더미이고 내가 업무 시간에 나가서 여유로운 생활을 보낸다고 해서 일정을 마음대로 뒤로 미뤄도 되는 것이 아니다. 밖에서 보낸 시간만큼 회사에서든 집에 가서든 모자란 일을 해야 한다. 게다가 직장인에게 "자유롭게 일하라, 하고 싶은 대로 해라"라는 말은 얼마나 무서운가. 내 뜻대로 했다가 크게 낭패 본 일은 이미 겪을 대로 겪었다.

우리는 누구나 주체적으로 살기를 원한다. 일도 마찬가지다. 주체적으로 일하고 싶지 누군 시키는 일만 하고 싶어서 하는 게 아니다. 시키는 일도 제대로 못하면 내가 책임져야 하고 시키지 않은 일을 마음대로 했을 때도 내가 책임져야 한다. 이런 환경에서는 아무리 주체적으로 일하라 해도 주체가 될 수 없다.

직장인 대부분은 회사에서 객체다. 사원은 대리와의 관계에서 객체고 대리는 차장과의 관계에서 객체고 차장은 이사와의 관계에서 객체다. 무수히 계급이 나뉘어 있는 회사에서 직장인이 자유로워질 수 없으니 객체로 남을 수밖에 없다.

이런 환경에서 직장인이 주체적으로 일하는 건 가능할까? 참된 자유를 얻어야만 주체가 될 수 있고 참된 자유는 권력을 가져야만 얻을 수 있는데, 회사에서 참된 자유를 가질 수 있는 건 몇몇에 불과해 불가능해 보인다. 하지만 어쩌면 조직의 작은 부분에 있어서는 주체가 될 수 있을지도 모른다.

권력을 가지려고만 할 게 아니라 모두가 권력을 내려놓는 건 어떨까? 우선 타자를 인정하는 것부터 시작하는 거다. 우리는 신입이 들어오면 아무것도 모르는 애로 취급하고 내 방식대로만 교육하려 한다. 게다가 신입을 자신과 동등한 입장에서 바라보지도 않으면서 주체적으로 일하기를 바란다.

나이가 많든 적든 경력이 많든 적든 함께 일하는 사람은 나와 같은 전문가로 인정할 필요가 있다. 아무리 경력이 많더라도 내가 남보다 많은 걸 알고 일도 잘할 수 있다는 건 대단한 착각이다. 내 개인 서사만 중요시할 게 아니라 타인의 개인 서사도 존중해야 한다. 내가 주체가 되려면 나부터 타인을 객체화하지 않으려는 노력이 필요한 법이다.

특히 듣는다는 것이 중요하다. 조직의 문제는 듣지 않기 때문에 생긴다고들 하는데 이 말이 전적으로 맞다. 안타깝게도 지금의 회사에서는 이야기를 들어주고 공감해 주는 사람보다 말이 많은 직장인이 더 좋은 평가를 받는다. 그러니 주체적으로 일할 수 있는 환경이 마련되지 않는다. 말하는 것뿐만 아니라 경청하는 행위 또한 타인의 말을 스스로 이해해야 하기에 주체적이다. 내가 타인의 이야기를 잘 들음으로써 함께 주체가 될 수 있는 거다.

그런데 회사 조직에서는 신입이 들어오면 이야기를 들으려 하지 않고 자기 이야기만 전달하려 한다. 신입을 객체화하고 있는 거다. 나는 1, 2년차의 이야기를 듣는 게 정말 중요하다고 생각한다. 조직 생활을 처음 겪는 직장인이야말로 털이 삐죽 솟을 정도로 조직의 문제에 예민하다고 생각하기 때문이다. 4, 5년차만 되도 얼마나 관성에 빠져드는가.

내가 꿈꾸는 건 자본가와 노동자 모두가 주체가 되는 회사가 아니라(이게 가능하려면 적어도 회사의 대표를 노동자들이 선출할 수 있어야 한다) 노동자 사이에서만이라도 모두가 주체가 될 수 있는 회사다. 만약 팀원이, 신입이, 후배가 주체적으로 일할 수 있기를 바란다면 당장에 나의 입을 닫을 필요가 있다. 조직의 문제를 해결하길 원한다면 일단 동등한 입장에서 듣는 것부터 시작해야 한다.

남성 중심의 직장은
이제 그만!

영업부의 금 팀장과 옥 과장이 회사 건물 옥상에서 담배를 피우고 있었다.

"허 주임, 요즘 뭐 하냐?"

"글쎄요, 잘 모르겠는데요. 그냥 맨날 책상 앞에 앉아 있는 거 같은데요?"

"하, 내가 그럴 줄 알았어. 일은 하고 있는 거냐? 맨날 책상 앞에 앉아서 뭐 하고 있데? 인터넷이나 보면서 놀고 있는 거 아냐?"

"저도 무슨 일 하는지 모르겠어요."

"이래서 내가 영업부에 여직원 들어오는 거 반대했는데. 여자가 영업을 뭘 알겠어? 봐봐, 지금도 외근 안 나가고 회사에만 있잖아. 영업이 외근도 안 나가고 무슨 일을 해?"

"그러니까요. 허 주임, 팀에 보탬도 안 되는 느낌이에요. 그건 그렇고 팀장님, 본부장님이 올리라고 한 마케팅 계획서 내일까지일 텐데 준비하셔야 할 거 같은데요."

"그래? 그럼 네가 함 써볼래?"

"제가요? 저 그런 건 한번도 안 써봐서…."

"음, 담배나 한 대 더 피우고 내려가자."

금 팀장과 옥 과장이 담배를 한 대 더 피우며 잡담을 나눈 뒤 영업부로 내려왔다. 금 팀장은 바로 허 주임 자리로 갔다.

"허 주임, 본부장님이 내일까지 마케팅 계획서 올리라고 하셨는데 이거 허 주임이 써야겠는데?"

"네? 제가 또요?"

"에이, 이런 건 허 주임이 잘 쓰잖아. 부탁해."

청소년을 대상으로 한 도서 유튜브 시상식에 간 적이 있다. 시상자로 남보다 좀 몸집이 큰 여성 친구가 불려서 단상에 오르는데 사회자가 "참 튼실한 친구가 힘차게 걸어오네요"라며 외모 비하, 성희롱 발언을 했다. 사회자의 말에 강당에 있던 어른들은 깔깔대며 웃었다. 그런데 참석한 학생 중에 웃는 사람은 아무도 없었다. 너무 부끄러웠다.

우리의 회사는 '여성 혐오'가 가득한 남성 중심의 조직이다. 여성을 멸시하고 하대한다. 처음부터 색안경을 끼고 여성은 일을 못하고 무능하고 참을성이 없다고 간주한다.

특히 좀더 남성 중심인 영업부와 같은 부서에서 여성 혐오가 심하다. 만약 영업부의 핵심적인 일이 '외부 활동'이라면 남성들은 결코 그 일을 손에서 놓지 않는다. 밖에 나가서 놀든 술을 마시든 비능률적으로 시간을 보내도 외부 활동을 손에 쥐고 있는 한에서 자신은 능력이 있다고 생각한다. 반면 같은 부서에 있는 여성 직장인에게는 단순 업무만 맡기거나 핵심적인 업무는 주지도 않으면서 무능하다고 비난한다.

하지만 정작 보고서를 작성하는 등 문서 작업조차 제대로 못해 여성 팀원에게 일을 떠넘기곤 한다. 이 일이 중요치 않은 일이라서 떠넘기는 게 아니라 정말 글을 못 쓰기 때문이다. '이런 일 정도는 내가 하지 않아도 돼. 남자 애들은 글을 못 쓰니 여자 애들 시키면 되지 뭐. 그리고 내가 한 것처럼 위에다가 얘기하지 뭐.' 이따위 생각을 가지고 일하고 있다. 그러면서 대체 누가 누구에게 무능하다 하는가.

모 중소기업에서는 경영본부 각 팀의 막내들이 사장이 출근하면 일주일씩 돌아가면서 커피를 타 주었다(직접 커피 하나 탈 줄 모르는 사장이었다). 당시 경영본부 회계팀, 총무팀, 인사팀의 막내는 모두 여성이었다. 그러다가 팀장밖에 없던 관리팀에 남성 직원이 막내로 들어왔다. 당연히 다른 팀 막내들이 너도 앞으로 차례가 오면 사장님 출근했을 때 바로 커피를 드려야 한다고 했다. 마침내 남성 막내의 차례가 오고 커피를 타서 사장실에 갖다 줬는데 이 광경을 본부장이 보고는 경영본부가 발칵 뒤집혔다. 본부장은 바로 막내들을 불러 말을 했다. "누가 쟤한테 커피 타라고 시켰니? 사장님이 얼마나 놀라셨겠어?" 남성이 커피를 타면 더러

운가? 독이라도 들었을까 봐 그러는 건가? 본부장이 사고방식으로 커피는 무릇 여성이 타야 하는 거고 사장 커피 심부름도 여성이 해야 하는 건데 남성이 그 일을 하면 우리 남정네들은 몹시 놀란다는 뜻인가 보다.

이 일로 여성 막내들은 당연히 크게 반발했다. 우리가 커피 타려고 회사를 왔나, 사실 그동안도 이 일을 하면서 자존감이 많이 떨어졌다, 왜 우리만 이 일을 해야 하는가. 이런 반발을 전혀 예상치 못했던 경영본부의 남직원들은 크게 놀랐고(이걸 예상하지 못한다는 게 얼마나 무식한 건가) 사장도 이 소란을 알게 되었다. 결국 사장이 앞으로 여성 막내들에게 커피 심부름을 하지 말라고 해서 소란은 끝이 났다. 사장 본인이 진작부터 알아서 커피 타 먹었으면 문제가 없었을 일이거늘 그걸 못했다. 그래서 사장이 직접 타 먹기 시작했을까? 안타깝게도 그 기업은 인사팀 막내로 사장 커피 심부름을 전담하는 여성 직원을 한 명 더 뽑았다. 면접장에서 본부장은 일일이 이런 질문을 던졌다고 한다. "들어오면 사장님 커피 심부름을 할 수도 있는데, 할 수 있나요?"

이 이야기를 들은 남성 직장인들은 "와, 저런 쓰레기 같은 회사가 다 있나?"라고 할지도 모른다. 그런데 다른 남성 직장인도

크게 다르지 않다. 강약의 차이가 있을 뿐. 회사에서 남성은 끊임 없이 여성을 타자화하고 대상화하고 객체화한다. 상급자를 대상 으로는 못하니 여성을 대상으로 주체적인 직장인이 되려고 하기 때문이다.

나 군대 나온 남자야

예전과는 많이 달라졌다고 하지만 여전히 신입 초봉 기준에서 군 필과 미필을 나누는 경우가 많다. 정도가 좀 심한 회사의 경우는 군필 신입이 경력 3년차인 여성보다 높은 연봉을 받기도 한다. 도 대체 왜? 군대 갔다 오면 나이가 많아서? 아니, 그럼 처음부터 나 이순으로 연봉을 책정하던가. 경력을 중시하면서도 군필과 미필 을 차별한다(그렇게도 수평적, 형평성을 따지는 회사가 말이다). 아니면 군대를 다녀오면 기업에서 원하는 인재상이 되는가?

　실로 군대에서 남성이 배우는 건 별다를 게 없다. 적어도 참을 성은 기르고 오지 않냐고도 하지만 그것도 아니다. 단지 부조리함 에도 무디고 계급 차별을 당연하다 생각하고 복잡한 사고를 하지 못하게 길러졌을 뿐이다. 그래서 기업은 여성보다 군대 나온 남자들을 더 대우하는 걸까?

한 회사의 팀장은 팀원에게 자꾸 군대 시절 이야기를 했다. 특히 훈련소 때 이야기를 자주 했는데, 훈련소에서 퇴소할 때 동기들과 얼싸안으면서 엉엉 울었다. 그때의 감정을 잊지 못하겠다. 마치 팀원에게도 군대 훈련소 동기와 같은 동지애를 원하는 듯했다. 하지만 팀장이 모르는 게 있다. 훈련소 동기는 모두 같은 계급이었지만 팀원과 팀장은 엄연히 계급이 다르다.

기업의 조직은 군사주의에 물들었다. 군사주의에 물든 직장인은 권력을 지향하고 종속적이고 타율적이다. 상급자에게는 늘 객체적이면서 주체가 되기 위해 다른 하급자를 객체화한다. 여기서 여성도 피해를 입었다. 남성 직장인은 여성에게서 권력을 빼앗고 주체가 되려 한다. 회사 조직에서 권력을 갖기 위해서는 여성도 남성화되어야 했다.

지금 기업의 조직에 필요한 건 군대식 문화에 발빠르게 적응하는 무던함이 아니라 부조리하고 비합리적인 일에 불편함을 느끼는 예민함이다. 계급 간 차별이 없어지고 남성과 여성이 모두 동등한 입장에서 일할 수 있는 환경이 필요하다. 불평등한 관계

속에서 어떻게 자율성과 주체성이 보장받을 수 있겠는가. 조직 구성원 모두가 동등한 입장에서 자유롭게 사고하는 일, 이것이 조직의 문제를 풀 실마리다.

필연적인 일과
자율적인 일

총무팀의 우 주임을 회사의 직원들은 모두 좋아했다. 궂은 일도 마다하지 않고 직원의 불편한 점이 있으면 나서서 챙겼기 때문이다.

"우 주임, 복사기가 잘 안 되던데 확인 좀 해줄래?"

"우 주임, 기획실에 A4용지가 다 떨어졌어."

"우 주임, 탕비실 청소 혼자 다 한 거야?"

우 주임은 다른 부서의 불편 사항이 접수되면 바로바로 달려가서 문제를 해결했다. 게다가 회사가 지저분하다는 소리를 듣지 않기 위해 청소까지 도맡았다. 이 점을 높이 산 총무팀 부장은 우 주임을 칭찬했다.

"우 주임, 일 너무 잘하고 있어. 이렇게 일을 잘하면 내년에는 내가 정규직으로 올려줄게."

우 주임은 기뻤다. 회사 동료가 모두 잘해주는 이 회사가 마음에 들었기 때문이다. 다만 회사 동료 모두가 정규직인데 혼자만 비정규직이란 사실이 늘 마음에 걸렸다.

하지만 1년이 지나고, 2년이 지나도 우 주임은 계약직이었다. 우 주임은 총무팀 부장을 찾아갔다. 혹시 전에 정규직 전환해 준다 하셨는데 어떻게 되는 건지 물었다. 부장은 당황한 듯한 표정을 지어 보였다.

"내가? 내가 그런 말을 한 적이 있어? 우 주임이 착각하는 거 같은데…. 우 주임, 나도 안타깝지만 정규직 전환을 내가 마음대로 할 수 있는 게 아니야. 회사에는 다 규정이 있어. 규정에 따라야지, 우 주임이 일을 잘한다고 해서 내가 어떻게 할 수 있는 게 아니야."

회사에는 필연적인 일(타율적인 일)과 자율적인 일이 있다. 자율적인 일은 직장인에게 주어진 업무 가운데 스스로 하는 일을 말한다. 팀장이나 경영진이 할당량을 정해주었다면 그 안에서 스스로 목표를 세우고 일정을 잡고 자기만의 방식으로 일을 해나간다.

직장인은 자율적인 일 속에서만 주체적으로 일할 수 있다. 하지만 아무리 조직이 이상적으로 변한다 하더라도 모든 일을 자율적으로 할 수 있는 건 아니다. 자율적으로 할 수 있는 일이 늘어나려면 그 밑바탕에 필연적인 일이 깔려야 한다. 직장인이 회사에 출근해 쾌적한 환경에서 일하려면 누군가는 회사를 청소해야 하고, 누군가는 냉난방기 관리를 해야 하며, 복사기나 프린터도 관리해야 하고, 누군가는 회사로 걸려온 전화를 받아야 하고, 누군가는 회의실을 예약하고 회의 자료를 준비해야 한다(앞서 이야기한 단순 업무도 대부분 필연적인 일에 속한다). 어떻게 보면 기업의 생산성과는 크게 관련이 없어 보이지만 이런 필연적인 일이 없으면 생산적인 노동도 불가능하다.

기업은 생산성 향상을 위해 조직을 세분화하고 분업을 강조했다. 그리고 자율적인 일과 필연적인 일 사이에 경계를 그었다. 자율적으로 일하는 직장인이 생산성에만 집중하도록 필연적인 일을 전담하는 일꾼을 뽑기 시작했다. 건물 관리인, 건물 청소업체, 회의에는 참석 못하지만 회의 자료를 복사하고 잡무를 해서 다른 직장인의 손을 덜어주는 인턴, 아르바이트, 비정규직. 같은 노동자지만 자율적인 일을 하는 노동자와 필연적인 일을 하는 노동자는 처우도 시선도 너무 달랐다.

직장인은 주체적으로 일하기 위해 필연적인 일을 하는 노동자의 고단함을 묵인했다. 나는 적어도 필연적인 일에서 벗어나려 하고, 회사에서 필연적인 일이 잘 이루어지지 않는다면 회사에 불평을 접수했다. 회사는 낮은 임금에 필연적인 일을 하는 노동자를 더 뽑거나 업무량을 가중했다. 필연적인 일을 하는 노동자는 주체적으로 무엇 하나 할 수가 없었다. 그들의 일은 전부 타율적이었다. 기업의 필수적인 일을 하면서도 임금은 낮았고 잘릴 위험성은 높았다.

작은 기업이라고 해서 크게 다르지는 않다. 필연적인 일을 하는 직장인을 따로 뽑지는 않아도 막내나 경력이 짧은 직장인이 주로 필연적인 일을 맡았다. 그리고 회사에서는 업무 성과에 필연적인 일을 포함시키는 일은 없었다.

한때 30세대 정도가 있는 아파트에 살았던 적이 있다. 처음 이사 갔을 때부터 있었던 경비원이 2년쯤 지나 보이지 않았다. 경비원은 없는데 주민들의 뒷말이 무성했다. "처음 그 아저씨를 퇴직금 안 받는 조건으로 뽑았는데, 그만두고서는 퇴직금 안 준다며 신고했다지 뭐예요. 사람 그렇게 안 봤는데…." 당연히 줘야 할 것을 주지 않는 조건으로 사람을 뽑는 것도 어이가 없지만, 몇 년간 아파트에서 꼭 필요한 일을 했던 경비원이 왜 그런 취급을 받아야 했는지 이해할 수도 없었다. 그 뒤로 새로운 경비원이 왔지만 11개월 만에 잘렸다. 퇴직금을 주지 않기 위해서였다. 이 이야기를 듣고 내 아내는 주민 대표라는 사람한테 짜증을 냈지만 어린 것들이 뭘 알겠어라는 표정으로 개의치 않는 눈치였다.

아파트에 사는 사람들은 모른다. 아파트의 안전하고 깨끗한 환경이 필연적인 일을 하는 사람 덕분이라는 것을. 필연적인 일이 없으면 내가 편하게 살 수도 없다는 것을. 기업뿐만 아니라 우리 사회도 구성원 모두가 필연적인 일을 제대로 된 노동으로 인정하지 않는다.

어쨌든 누구나 주체적으로 일하면서 조직의 문제를 해결하려면 어떻게 해야 할까? 우선 필연적인 영역을 최소화하는 거다. 가령 우리가 회사에서 일하면서 사무실을 깨끗이 이용하면 청소하는 데 드는 비용과 시간을 아낄 수 있고 사무기기를 함부로 쓰지 않으면 고장이 날 가능성도 줄어든다. 필연적인 영역이 줄어들면 자연스레 자율적인 영역이 늘어날 수밖에 없다. 다음은 필연적인 일을 나눠서 하는 거다.

한때 우리나라에서 화제가 됐던 일본의 미라이 공업 이야기를 다큐멘터리로 본 적이 있다. 70세까지 정년을 보장하고, 해고는 한 번도 없었고, 휴가는 100일이 넘고, 직원들 사이의 호칭은 누구 씨로 통일하고, 일본인들이 가장 가고 싶어 하는 기업 중 하나다 등등. 뭐 하나 놀랍지 않은 건 없었지만 그중에서 가장 인상 깊었던 건 직원들이 전화를 받는 일이었다. 사무실 직원 자리에는 각각 점등 기계가 설치되어 있고 점등이 켜진 자리에 있는 직원이 전화 받는 일을 했다. 이 일을 직원들이 순차적으로 돌아가면서 했는데 자율적인 일을 하는 직원이 방해받지 않게 전화 받는 업무(필연적인 일)를 나눠서 하는 모습이었다.

이건 여전히 우리 기업 조직에서 충분히 고민해 볼 일이다. 필연적인 일을 한 개인이 도맡아 수행할 것이 아니라 자율적인 노동 주체들이 공평하게 분배해서 행해야 한다. 그래야 비로소 직장인이 필연적인 일의 중요성에 대해서 인지할 것이고 늘 객체인 직장인도 줄어들 것이다.

공식적, 비공식적 영역

조직 문제를 해결하기 위해 조직 구조를 바꾸는 데 있어 한 가지 잊지 말아야 할 것이 있다. 우리가 이상적인 조직 구조를 찾아내어 취업규칙에도 기록하고 회사에서 공지를 공식적으로 하더라도 비공식적인 부분에서 바뀌지 않으면 문제가 해결되지 않는다.

가령 공식적으로는 연차가 15일이고 아무 때나 사용할 수 있다고 되어 있지만 비공식적으로는(암묵적으로) 휴가는 바쁜 시기에는 갈 수 없으며 상사가 먼저 휴가일을 선택하고 내가 선택할 수 있다면, 공식적인 게 대체 무슨 소용 있겠는가. 공식적으로는 직원 모두 누구 씨, 누구 님이라고 호칭하지만 비공식적으로는 평등한 관계가 아니라면, 여전히 육아 휴직을 갈 때도 법적인 보장을 요구하는 게 눈치 보인다면, 조직의 문제 또한 여전히 남고 만다.

아직도 많은 직장인이 긴 휴가를 갈 때 옆 동료에게 일이 떠넘겨진 것을 미안해한다. 내가 동료라면 꼭 말해주자. 미안해하지 않아도 된다고. 내 일이 늘어난 것보다 너의 권리를 지키는 게 더 중요하다고. 그래야 나도 내 권리를 지킬 수 있다고.

조직의 계급 단순화와
안정성

함 사원이 입사한 지 6개월 만에 담당 원고가 주어졌다. 이 원고를 처음부터 끝까지 함 사원이 책임지고 책으로 만들어야 한다. 부담감도 있었지만 나도 뭔가 전문가로서 일할 수 있다는 생각에 기분은 좋았다.

"여긴 재미없으니까 완전히 들어내고, 여긴 순서를 좀 바꾸고, 여긴 내용이 부족해 보이니 추가로 몇 개 더 넣으면 좋겠어."

원고를 구성하는 과정은 지난했다. 수정 원고가 들어올 때마다 길 팀장과 회의를 통해 결정했는데 차례 하나하나, 내용 하나하나 길 팀장 마음에 들지 않는 듯했다. 함 사원은 어느 정도 수정만 하면 괜찮아 보였지만 그건 초짜라서 그런가 보다 했다. 팀장의 요구대로 저자에게 수정을 요청했다.

여러 번의 수정 끝에 초고가 완성되었다. 함 사원은 디자인 넘기기 전에 초고를 교정교열했다. 그리고 길 팀장에게 컨펌을 요청했다.

"선우 대리가 선배니까 먼저 한번 봐줘."

함 사원의 선배인 선우 대리는 꼼꼼했다. 부족한 부분은 채워주고 쓸데없는 부분은 잘 덜어냈다. 선우 대리의 수정 내용을 반영해 함 사원은 원고를 또 수정한 뒤 길 팀장에게 컨펌을 요청했다.

"이거 선우 대리가 본 거지? 그럼 내가 지금 안 봐도 될 거 같은데? 먼저 디자인 넘기고 디자인 나오면 그때 볼게."

함 사원은 디자인 실장에게 디자인을 요청했다. 디자인된 원고를 또 교정교열한 뒤 길 팀장에게 컨펌을 요청했다. 원고를 본 길 팀장의 표정이 어두웠다.

"아, 이거 내가 생각한 원고가 아니네? 이 부분 재미없는데 이걸 왜 넣었지? 여긴 이야기가 너무 빈약하잖아. 이렇게, 저렇게 고쳐야 할 거 같은데….”

마치 처음 원고 상태를 바꾸는 것처럼 길 팀장이 요구한 수정 폭은 컸다. 원고를 다시 뒤집어야 하는 상황이라 저자에게 또 많은 부분 수정을 요청했다.

“네? 아니, 지금까지 다 출판사에서 원하는 대로 수정했는데, 그걸 또 바꾸라고요?”

지금껏 순순히 요청을 받아주던 저자가 짜증을 내기 시작했다. 함 사원은 굽신굽신하며 부탁드렸다. 새로 온 원고도 첫 원고와 다를 바가 없어 또 교정교열해야 했다. 길 팀장의 컨펌을 받고 다시 디자인을 넘겼다. 이번엔 디자인 실장이 짜증을 냈다.

“함 사원, 처음부터 완벽한 상태에서 원고를 줬어야지 내가 시간이 남아돌아? 저번엔 시간 낭비만 한 거잖아.”

죄송합니다, 죄송합니다, 함 사원이 머리를 조아려 다시 일은 진행이 됐다. 몇 번의 교정 작업 끝에 최종 원고가 완성되었다. 마지막으로 편집장 컨펌만 마무리되면 책으로 제작될 것이다.

"이거 너무 재미없는데? 이대로 책 내도 되겠어?"

편집장의 이 말 한마디에 모든 작업이 물거품이 됐다. 편집장이 원하는 바에 따라 처음부터 다시 작업이 진행됐다. 함께 일하는 동료들은 함 사원을 비난의 눈초리로 바라봤다. 신입이라서 그런가? 애가 좀 덜떨어졌어. 편집하고 안 맞는 거 아냐?

함 사원은 다시 처음으로 돌아간 듯 일을 시작했다. 모든 문제가 내가 역량이 부족해서 벌어진 일이라 생각했다. 묵묵히 일을 해나갔다. 요령도 생겼다. 팀장이나 디자인 실장과 회의할 때 음료 하나씩 들고 가는 걸 잊지 않았다. 저자와 따로 만나 저자가 좋아할 법한 작은 선물도 챙겼다.

마침내 책이 출간됐다. 책 판권란 '책임 편집'에는 함 사원의 이름이 들어갔다. 길 팀장도, 선우 대리도, 디자인 실장도, 편집장도 주변 동료 모두가 첫 책 나온 걸 축하해 줬다.

"함 사원, 어때? 뿌듯하지? 함 사원 이름이 들어간 첫 책이잖아."

함 사원은 그토록 바라던 책이 나왔는데 전혀 뿌듯하지가 않았다.

회사 조직에는 너무도 많은 계급이 있다. 사원, 주임, 대리, 과장, 차장, 부장, 이사…. 20대, 30대, 40대, 50대…. 1년차, 2년차, 3년차…. 팀원, 팀장, 본부장…. 편집자, 편집팀장, 편집장, 편집주간…. 이렇게나 계급이 무수히 많은데 평등한 관계 속에서 주체적으로 일하는 건 불가능에 가깝다.

내 일에 관여하는 사람이 많다 보니 일은 산으로 가기 십상이다. 함 사원처럼 내가 책임지는 일이라도 상급자가 지적하면 그걸 받아들이지 않기는 어렵다. 단계단계마다 이런저런 의견을 받다 보면 일이 엉망이 되기도 한다. 게다가 최종 컨펌자의 말은 그동안 밟아왔던 단계를 깡그리 무시하기도 한다. 아니, 이럴 거면 처음부터 최종 컨펌자와 담당자만 일하면 될 게 아닌가.

게다가 회사에서는 비공식적으로 각 계급에 맞게 어떤 행동을 해야 하는지도 정해져 있다. 사원급은 어느 정도 선까지 일을 할 수 있고, 대리급의 역량은 어떠해야 하고, 차장급은 말과 행동을 어떠해야 하는지 정해두었다. 하지만 공식적인 영역이 아닌,

비공식적 영역의 일이라 그때그때 기분에 따라 기준이 바뀌기도 한다. 전에 회사에서 다른 부서(경영본부)로부터 업무 요청이 온 적이 있다. 회계상의 문제로 우리 팀의 사업자를 따로 분리했으면 한다는 거였다. "박 대리, 그렇게 되면 거래처도 다시 다 계약해야 하는데 할 수 있겠죠?" 이렇게 질문하기에 "할 수야 있는데 귀찮긴 하죠"라고 대답했다. 그랬더니 경영본부 사람들이 난리를 쳤다. 어떻게 회사의 일에 귀찮다는 말을 할 수 있냐는 거다. 결국 업무 요청은 없던 일이 됐다. 아니, 내 말 한마디에 안 해도 될 일이라면 굳이 할 필요 없는 일 아닌가. 이렇게 생각하던 차에 팀장이 나보고 경영본부 이사에게 사과하라고 했다. 해서는 안 될 말을 했다며. 하기 싫었지만 이사에게 사과를 했다. "이사님, 죄송합니다. 제가 말실수를 한 것 같습니다." "사과 안 하셔도 돼요. 근데 대리나 돼가지고 할 이야기는 아닌 거 같네요." 대리나 달고서는 귀찮다는 말도 할 수 없구나. 대리급이나 과장급이나 무슨 급에서 할 수 있는 이야기와 할 수 없는 이야기가 있구나.

회사에는 관리자도 너무 많다. 한 직장인이 취업해서 경쟁에서 이겨가며 오랫동안 살아남았다. 그러다 자연스레 차장, 부장의 자리까지 올라가게 됐는데 회사에서는 차장, 부장 정도는 실무자라 하면 안 될 거 같았는지 관리자라며 관리 일을 맡겼다. 관리자가 늘면서 어떤 회사는 과외도 아니고 1대 1로 관리를 받는 풍경도 연출된다. 그렇다면 관리자의 관리자인 상무, 전무, 부사장, 사장들은 무슨 일을 할까? 내가 다녔던 중견기업의 부사장은 출근하자마자 하는 일이 직원 근태 관리였다. 말이 근태 관리지, 전 직원의 출퇴근 시간을 체크하는 거였다. 그 넓은 부사장실에 앉아서 하는 일이 기껏 직원 감시란 말인가. 얼마나 할 일이 없으면 아침마다 그런 일을 하고 있는가. 한번은 직원들이 출퇴근기를 제대로 안 찍는 거 같다고(혹은 조작하는 거 같다며) 인사과 직원 한 명을 출퇴근기 앞에 앉혀 매번 제대로 찍는지 감시하도록 했다.

직장인도 은연중에 계급 의식이 가득하다. 선배가 후배에게 이야기할 때 "선배는 말이야, 선배가…"라고 말하는 선배들, 다른 직장인을 소개할 때 "아, 이 친구는 누구 밑에서 일하는 친구야"라고 말하는 사람들, 모두 계급차를 두고 말을 한다. 너는 나보다 아래 계급이고 너는 누구 밑의 계급이라고 이야기하는 상황이다. 아래고 위고 동등한 관계라면 그런 말을 할 수 있겠는가.

우리가 동등한 입장에서 일을 하려면 계급이 무너져야 한다. 하지만 이는 우리 사회에서 너무나도 어려운 일이기에 나는 계급을 단순화하라고 이야기하고 싶다. 지금의 회사 조직은 '실무자(팀원)-중간 관리자(팀장)-관리자(본부장)-관리자의 관리자(이사급)'의 형태로 계급이 나뉘어 있다. 가능하면 중간 관리자와 관리자를, 적어도 중간 관리자의 단계를 없애면 어떨까? 실무자로 돌리는 거다. 대기업은 몰라도 중소기업이라면 충분히 가능한 일이다. 그리고 실무자 안에서의 계급 차별을 없애는 거다. 어쩌면 공식적인 구조를 바꾸는 것보다 더 어려운 일일 수도 있지만, 모두가 같은 권한과 책임을 갖고 실무를 할 수 있다면 꼭 불가능하지만도 않다. 참고로 앞서 이야기한 미라이 공업의 경우는 관리자가 거의 없고 직원 대부분이 실무자였는데 상장 기업이 되기 위해서는 관리자가 몇 명 이상이 되어야 한다고 해서 직원 이름을 종이에 적고 그 앞에 선풍기를 돌려 가장 멀리 나간 사람 몇 명을 승진시켰다.

불안 속에 상상력은 발휘되지 않는다

회사에서 그토록 원하는 창의력을 발휘할 때도, 조직의 문제를 어떻게 하면 풀 수 있을까 해결책을 찾을 때도 상상력이 필요하다. 가보지 않았던 세계를 상상할 수 없음은 해보지 않았던 걸 할 수 없음이다. 이제 회사 조직이 계급 구조가 단순해지고 노동자끼리 동등한 입장에 섰으며 자율성이 보장되고 주체적으로 일할 수 있는 환경이 마련되었다고 치자. 그럼 하나 남은 건 안정성이다.

내가 언제든 잘릴 수 있고 남과의 경쟁에서 살아남아야만 직장 생활을 할 수 있다면, 상상력은 발휘되지 않는다. 멍하니 상상할 시간에 스펙을 키워야 하고 자기계발을 해야 하고 커리어를 쌓아야 한다. 늘 회사에서 수치적 성과를 쌓아야 해서 수치화할 수 없는 일 따위에는 관심을 두지 않는다. 무한 경쟁 속에서는 자연히 계급이 생기고 주체와 객체가 생기고 평등한 관계가 무너질 수밖에 없다.

필요한 건 내가 나쁜 짓을 저지르지 않고서는 잘릴 일이 없다는 안정성이다. 안정적인 데다 합리적으로 일만 할 수 있다면 그까짓 상상력 발휘 못할 이유가 없다. 그럼 공무원 조직은 왜 상상력이 없냐고? 그건 일반 기업보다 계급 구조가 유연하지 않기 때문이다. 굳건한 계급 체계 안에서 안정감은 있으나 마나 아닐까? 군대와 다를 바 없으니까. 아니 그럼 안정적이고 경쟁도 없으면 일도 안 하고 무능한 직장인만 늘어나지 않겠냐고? 뭐, 회사는 그런 데가 아닐까? 일 잘하는 사람만 모인 회사가 대체 있기는 할까? 무능한 사람도, 유능한 사람도 함께 모인 곳이 회사 아닐까? 모두가 엘리트인 인간 세계는 상상만 해도 끔찍하다.

나라도
잘하자!

박 대리는 박 과장이 되었다. 팀원 중 후배도 둘이나 생겼다. 그러자 오 팀장의 요구가 많아졌다. 후배 교육도 박 과장에게 시키는 일이 많았다. 주 대리는 일도 잘하고 맡은 몫을 해냈다. 문제는 몇 달 전 입사한 박 사원이었다.

"박 과장, 박 사원 대체 어떻게 가르치는 거야? 우리가 어려운 일을 주는 것도 아닌데 왜 이렇게 못 따라와? 일머리가 너무 없잖아."

"죄송합니다. 제가 다시 잘 설명할게요."

박 과장은 과거에 선배에게 혼나면서 일을 배웠던 게 싫었다. 나는 나중에 절대 그러지 않으리라 마음먹었기 때문에 박 사원에 맞춰서 일을 알려주려 했다. 기본적으로 알아야 할 것은 매뉴얼로 만들어 전달하고 일하는 방식도 최대한 간섭하지 않았다. 그런데 박 사원은 모르는 걸 묻지도 않고 일하는 방식도 많이 서툴렀다.

박 사원 때문에 박 과장이 혼나는 일이 많았다. 박 사원이 실수하면 오 팀장은 박 과장에게 책임을 물었다. 박 과장은 내가 왜 욕을 먹어야 하나 생각하기도 했다.

어느 날, 박 사원이 또 일을 잘못 처리했다. 박 과장은 참지 못하고 한마디했다.

"박 사원, 일을 이런 식으로 하면 어떡해! 대체 언제까지 알려줘야 제대로 일할 거야!"

자신도 모르게 큰소리가 나왔다. 오 팀장은 흡족한 듯한 표정을 지어 보였다. 박 사원은 주눅이 든 모습이었다. 박 과장은 좀더 참을걸 후회했다.

회사에는 줄곧 선배의 말만 가득했다. 일하는 스킬뿐만 아니라 회사의 일이란 이런 거라며 일의 본질까지 설파했다. 선배의 말은 일에 국한되지 않았다. 사회생활은 이런 거고 회사생활은 이런 거라고 생활 전반을 관여했다. 그사이 후배의 말은 죽었다. 선배는 후배가 말을 할 때까지 기다릴 줄을 몰랐다. 듣기만 하던 후배에게 갑자기 "이제 네 이야기를 해봐라, 들어줄게"라는 건 듣겠다는 게 아니라 말하기를 강요하는 거였다.

선배의 말은 회사의 말과 닮았다. 부조리하거나 비합리적인 일을 참는 게 당연하다 했다. 상급자가 시키는 걸 하는 건 당연하다 했다. 이 후배는 저런 사람이고 저 후배는 이런 사람이라고 평가했다. 직급이 오를수록 시키지도 않은 회사의 대변자 역할을 톡톡히 해냈다.

요즘 애들 이해 못한다는 소리를 많이 한다. 사실 나도 이해하지 못하겠다. 아니, 어떻게 저런 생각을 하지? 아니, 어떻게 저런 식으로 대화를 하지? 이해를 못하겠으면 이해를 하지 마라. 나와 다른 사람이 있다는 걸 인정해라. 회사 구성원 모두가 똑같이 일한다면 100년 전 공장식 노동과 뭐가 다르겠나. 나도 요즘 애들이었던 시절이 있었다. 너무나도 예민해서 비합리적인 일을 왜 해야 하는지 견디질 못했다. 지금 생각해 보면 '별거 아닌 일에 왜 흥분을 했지?'라고 의문을 던지기도 했다. 하지만 그때의 내가 옳았다.

이제 후배의 말을 들어라. 후배가 말을 하지 않는다면 말할 때까지 참고 기다려라. 후배들은 선배의 이야기를 듣기 싫어도 꾹 참고 듣고 있었다. 그리고 말을 안 하면 어쩌겠나. 맡은 일이나 충실히 잘하면 된다. 같은 팀원이라고 굳이 동료애나 동질감 느끼려고 하지 마라. 후배가 마음에 안 든 점이 있다 해서 고치려고 들지 마라. 나나 잘하자. 내가 먼저 비합리적인 일은 최대한 만들지 않으려 하고 후배도 동등한 입장에서 바라보고 존중한다면, 후배도 언젠가 알아보지 않겠는가. 알아주지 않아도 상관하지 말고.

내가 회사를 다닌 지 얼마 되지 않았을 때 누군가 이런 질문을 던진 적이 있다. "나중에 어떤 선배가 되고 싶으세요?" 나의 답은 이랬다. "만만한 선배요." 나는 만만한 선배가 좋았다. 만만한 선배에게는 지금 하는 일의 문제를 구체적으로 이야기할 수 있었다.

선배와 후배의 경계가 무너진 관계처럼 느껴졌다. 나이를 먹고 경력이 쌓이고 이미 나를 어려워하는 후배가 무수히 생겼지만 여전히 나는 만만한 선배가 되고 싶다.

조직의 문제를 해결해 나가는 건 너무 어렵다. 먼저 조직 구조가 바뀌어야 하는데 높디높은 상급자가 되지 않고서야 혼자서 할 수가 없다. 하지만 조직 안에 있는 건 사람이다. 사람이 바뀌다 보면 구조도 따라서 변할지 모른다. 우리도 할 수 있다. 바꿔야 할 우리의 태도는 단 하나다.

"사장님을 대하듯 후배님을 대하라!"

맺음말
처음 일한 회사에서

잘렸다.

3년 가까이 일한 회사에서 권고사직을 당했다. 그때는 그게 무슨 의미인지 몰랐다. 권고사직이란 말이 나를 자른다는 의미인 지도, 해고와 권고사직이 다르다는 것도 시간이 지나서야 알게 되었다. 사직을 권고한다도 아닌, 권고사직 한다는 말이 나에게는 너무 어려웠던 때였다.

잘렸지만 절망감에 빠지거나 우울하지는 않았다. 뭐랄까, 좀

멍하게 있었던 것 같다. 머릿속에서도 별다른 생각이 나지 않았는데 한 가지 걱정만 떠올랐다. "그럼, 실업 급여는 받을 수 있는 거죠?" 하고 나를 자른 당사자에게 물었다.

대학을 졸업하자마자 바로 들어간 첫 회사를 나는 너무 좋아했다. 오래전부터 꿈꿔온 책 만드는 일을 한다는 게 너무 좋았다. 잠시 눈만 붙이고 이틀을 꼬박 지새우며 일해도 즐거웠다. 1년 중 휴가가 5일밖에 없었는데도 괜찮았다. 가족 같은 분위기도 좋았고 아는 게 많은 편집장에게 배우는 일도 좋았다. 일이 재밌으니 회사도 좋고 구성원도 좋았다.

2년쯤 지나자 어느새 네댓 명이던 팀원이 열 명 정도로 늘어나 있었다. 그러다 어느 날 팀원 중 한 명이 잘렸다. 이유를 물으니 회사 사정이 어려워졌다는 소리를 들었다. 그런가 보다 하고 넘어갔는데 얼마 지나지 않아 새로운 직원을 세 명이나 더 뽑는 걸 보았다. 그제야 알았다. 회사의 사정이 어려운 게 아니라 회사의 마음에 들지 않았단 것을. 회사에 불만이 생기기 시작한 건 그때부터였던 것 같다.

불만이 생기자 비로소 회사와 조직의 문제가 눈에 들어왔다. 존경해 마지않던 선배이자 편집장은 팀원들을 통제하기 시작했다. 불합리하게 일을 진행했다. 다른 팀원도 나도 불만이 가득했다. 편집장이 팀원 비난한 일을 반박하기 위해 주말에 따로 시간을 내 공부까지 했다. 편집장에게 반박하는 글을 회사 인트라넷에 올린 일도 있었다. 그로부터 내가 잘리는 데는 긴 시간이 걸리지 않았다.

업계 동료들과의 모임에서 한 친구가 회사에서 잘렸다는 이야기를 했다. 그러자 나도 전 회사에서 잘렸다, 나는 전전 회사에서 잘렸다, 다들 잘린 경험을 이야기했다. 누구는 나를 자른 회사에서 만든 책은 절대 사보지도 쳐다보지도 않는다 했다. 누구는 그때 팀장만 생각하면 아직도 치가 떨린다 했다. 회사에서 잘리고 상처받은 사람은 생각보다 많았다.

뭐가 문제였을까? 우리가 일을 못하는 직장인이었던 걸까? 조직 생활에 어울리지 않은 사람이었던 걸까? 회사가 아니라 우리가 문제였던 걸까?

이 책을 쓰는 데 가장 도움을 많이 받은 건 동료와 후배의 경험이었다. 우리의 경험만 잘 모아도 회사 조직의 문제를 드러낼 수 있을 거라 생각했다.

1장에서는 회사의 입장에서 이야기하는 사람을 통해 조직 문제에 대한 문제 제기를 시작하고, 2장에서는 타율적 영역에서의 조직 문제, 3장에서는 자율적 영역에서의 조직 문제를 이야기해 보았다. 4장에서는 앞에서 이야기한 조직 문제가 팀 안에서 어떻게 벌어지는지 좀더 구체적으로 들어가 보려 했다. 5장에서는 조직 문제를 풀 실마리를 던져보고자 했다. 구조의 변화가 가장 중요하겠지만 개인도 넋 놓고 있지 말자는 바람을 담았다.

10년쯤 지나 몇 번의 이직을 거쳐 중견기업의 출판팀에 들어갔다. 나는 거기서 또다시 잘렸다.